言える、伝わる、仕事が進む！

アサーティブ——「自己主張」の技術

Ayumi Ohkushi
大串 亜由美

PHP
Business Shinsho

PHPビジネス新書

アサーティブ――「自己主張」の技術 ♣ 目次

第1章 そもそも「アサーティブ」って、何？

❖『NO』と言っても握手はできる！　10
❖すべての基本は、本気の『W-I-N・W-I-N』　14
❖「言う」「伝える」の前に、ちゃんと〝感じて〟いますか？　20
コラム　メッセージを届けるための3つの条件　22

第2章 「言う」技術
——苦手意識の原因がわかれば、言える！

PARTⅠ【相手別】苦手解消のヒント
❖症状1「初対面の人」に言えない 25
コラム 相手の言葉を〝ニュートラル〟に受け止めていますか？ 35
❖症状2「よく知っている人」には言いづらい 36
❖症状3「上司」に言えない、「部下」には言いづらい 41
❖症状4「クライアント」に言えない 51
PARTⅡ【場面別】苦手解消のヒント
❖症状5「大勢の前」だと言えない 60
❖症状6 仕事を「頼めない」「断れない」 73
コラム 〝できない〟ことと〝やりたくない〟こと、自覚して伝えていますか？ 82
❖症状7 したいことを「したい」と言えない 83
コラム 強みと弱み、3つ以上挙げられますか？ 91

PARTⅢ　言えない本当の理由はココにある！
●愚痴らず、妬《ねた》まず、欲張らず。相手も自分も〝絶対評価〟で尊重する　92
●絶対評価でニュートラルに受け止める秘訣　95
●〝万人に好かれる〟ことがゴールではありません　98

第3章　「伝える」技術
――伝わらない理由、伝えるスキル

❖「言っているのに伝わらない！」を解消するカギ　102
❖強すぎても、弱すぎても伝わらない　104
❖勝手な〝思い込み〟で言っていませんか？　114
コラム　お客様からのクレーム、本気で聴いていますか？　122

❖ 「へぇー」で終わらせないアピール術 123
❖ 正直な気持ちを上手に伝えるスキル 131

第4章 相手を「知る」技術
——相手のタイプをつかんで〝相手目線〟を磨く

❖ アグレッシブな人とアサーティブに会話する 137
コラム 〝アグレッシブ〟と〝パッシブ〟をメールで見分ける方法 142
❖ パッシブな人をアサーティブに動かす 143
コラム タイプに応じて伝え方を工夫しよう 151
❖ 相手の〝目指したい姿〟をつかむ 154
❖ パッシブ、アグレッシブ——ところで、あなたは？ 162

第5章 「Give & Take」から「Give & Given」へ

❖きちんと渡した『WIN』は、大きな『WIN』を連れて帰ってくる！ 170
❖『WIN-WIN』自然増殖の法則 180
❖正しい気遣いのススメ 182
❖相手に伝わる〝美しい日本語〟のススメ 185
❖相互尊重を実践する3つのステップ 190

あとがき

編集協力／大旗規子
図表作成／きゃら

第１章

そもそも「アサーティブ」って、何?

『NO』と言っても握手はできる！

◇あなたは、きちんと言えていますか？

お客様からの無理な注文。「『NO』と言ってしまうと次のオーダーをもらえないかも」。
あるいは、急用が入ってアポイントを変更してほしい時。
「今さらこんなこと言ったら、嫌な顔されるに決まってる」

言えないこと、言いにくいこと。仕事をしていれば、あると思います。でも、ビジネスだからこそ、言うべきことはきちんと伝えたい。例えば、仕事が遅れていて、本当は上司に手を貸してほしい時。あなたならどうしますか？

遅れていると言えば、きっと怒られる。その上、手伝ってほしいなんて「きっと迷惑。とても言えない」。でも、言わないと、さらに遅れて、ますます迷惑。

「ちゃんと言ってます。言ってるけど、うまく伝わらない」という人もいます。ミスをしたのは相手なのに「指摘したら逆ギレされた」とか、やんわり断ったつもりなのに「意図を汲《く》んでもらえなかった」とか。大事なプレゼン、１時間も熱弁をふるったのに「反応なし。ちっとも聞いてもらえない」とか。言ってはいるけど、相手に届いていない。だから『ＹＥＳ』をもらえない。これでは仕事は前に進みません。

したいことを、したいと言う。
してほしいことを、してほしいと言う。
できないことは、できないと言う。
やめてほしいことは、やめてほしいと言う。

簡単なことのようですが、言えていない人、聞いてもらえていない人が、結構います。言えないのは、トレーニングしていないから。こういうことは言いにくいもの（言えなくても仕方がない）と思っているから、ちゃんと聞いてもらえない。
でも、アサーティブな目線とスキルがあれば、気持ちよく〝言える〟はずです。

◇アサーティブとは、協調的で発展的な「自己主張」の技術

言いにくいことも、必要以上に罪悪感を持つことなく声に出せて、ちゃんと伝わる。『NO』と言っても、すがすがしく握手できる。だから明日も、気持ちよく一緒に仕事ができる。

伝えたい相手にしっかり届く〝自己主張〟の技術――それが本書のテーマである〈アサーティブ・コミュニケーション〉です。

アサーティブ（Assertive）とは「表明する」「主張する」の意。辞書を引くと「断言する」「固執する」といった言葉も並んでいます。でも、一方的に言い放ったり、ゴリ押ししたり、こちらの言い分を無理やり飲ませることがアサーティブ・コミュニケーションのゴールではありません。

クライアントも上司も、部下や同僚も、大事な仕事相手。あなたの仕事をスムーズに進めるには、こうした相手と〝明日も握手できる〟関係を築くことが大切です。

会議、商談、あるいは日々のちょっとした頼みごとやネゴシエーション。相手を叩きの

めして強引に『ＹＥＳ』と言わせても、次回はきっと「絶対に譲らない」「今度はこちらが！」と、腕まくりしてくるでしょう。『ＹＥＳ』と言わされた瞬間から、相手は『ＮＯ』の準備を始めています。

もしかすると「もう二度とアイツとは仕事しない」と、土俵から降りてしまうかもしれません。その場では『ＹＥＳ』と言っても、「やっぱり、あの話はなかったことに」と、振り出しに戻る可能性もあります。

逆もしかり。言いたいことを我慢して、言いくるめられたり、叩きのめされたり。これでは仕事になりません。言いにくい相手や場面は、なんとなく敬遠したくなるもの。でも、避けていれば〝言う〟チャンスはますます少なくなってしまいます。

どちらにもメリットがあり、どちらにも不満・不服・モヤモヤが残らない。だから明日も笑顔で握手ができる。協調的で発展的な関係を築き、相手から気持ちよく『ＹＥＳ』をもらう——これが、アサーティブ・コミュニケーションのゴールです。

すべての基本は、本気の『W-N-W-N』

相手に届いてこそ、メッセージ。声に出さなければ伝わらないし、伝わるように言わなければ届きません。伝えたい相手に、伝えたいメッセージを届けるには〝聞いてもらえる〟話にすることが大切です。

人は、基本的に自分の聞きたい話しか聞いていません。興味のない話は聞き流していたり、聞きたくない話には耳の穴をふさいでいたり。

だからといって、相手が受け止めやすいよう、あなたの主張やメッセージを曲げる必要はありません。たとえそれが相手にとって耳の痛い話でも、目線を変え、ひと手間かけて伝え方を工夫すれば、ちゃんと聞いてもらえます。

同じことを言うにも、言い方一つで伝わり方はずいぶん違います。「そんな言い方しなくてもいいのに……」と思ったことは、ありませんか？　例えば上司が部下を叱《しか》る時。

「どうしてこんなこともできないんだ！」

言われた側は、とりあえず謝って〝できない理由〟を並べ始めます。なぜ、できないのかと聞かれているのですから、当然といえば当然。でも、上司は、そんな話が聞きたいわけじゃない。

「言い訳なんか聞きたくない！」

こう言われたら黙るほかありません。無言で立ちつくす部下。ここぞとばかりに説教する上司――。その指摘がどんなに正しくても、部下の耳には届きません。自分が犯したミスへの反省より、上司への反感がムクムクつのって、部下の耳は〝聞きたくない〟モード。聞いていないから、ミスはなくならない。

「何度言ったらわかるんだ！」

何度言っても、わかりません。相手が納得して聞けるように伝えていないから。こんな説教タイムは上司にとっても、部下にとっても不毛です。

◇聞いてもらうには、まず相手の話を聞く

仕事のミスをめぐる、上司と部下の不毛なやりとり。上司の「どうしてこんなこともできないんだ！」という言い方も問題ですが、メッセージが伝わらないのは、部下にメリットのある話になっていないから。そして、部下の話を聞いていないからです。

そもそも、なぜ部下を叱っているのか。もちろん、ミスをなくしたいから――ですよね。ミスをなくして、仕事の質や効率を上げたい。ならば〝できない〟理由より、どうすれば〝できる〟ようになるかを考える会話にすべきです。

「どうしたら、こういうミスをなくせると思う？」

こう聞かれたら、ミスの原因をアレコレ並べるだけでなく、「だから、こうすればミスをなくせると思う」という前向きな話ができます。部下にとっても、ミスが減れば仕事をスムーズに進められるし、上司や周囲からの評価も上がる。自分にメリットのある話だから〝聞ける〟し、それを仕事に活かそうという気にもなれる。

仕事へのモチベーションが上がり、部下が伸びてくれれば、それは上司にとっても大き

なプラス。ミスが減れば、同じことを何度も言う必要はありません。

どちらにもメリットがあり、両者が『ＷＩＮ‐ＷＩＮ』になれる――。これが、伝えたいメッセージをちゃんと聞いてもらえるアサーティブ・コミュニケーションの基本です。


話を聞いてもらいたいなら、相手の話も本気で聞きましょう。人は、話したいことがあるうちは〝聞いていない〟ものです。自分の話したいことで頭がいっぱいだから、ちゃんと聞けない。話の途中で「言い訳なんか聞きたくない！」と一刀両断にされれば、耳の穴も心も閉じてしまいます。

経験豊かな上司は、ミスをなくす方法をたくさん持っていると思います。でも、相手の話をちゃんと聞かなければ、的確なアドバイスはできません。

相手にとってベストな方法を提示できなければ、せっかくのアドバイスも部下の耳には〝念仏〟。わかったような、わからないような生返事しか返ってこないから、上司は自分のメッセージが伝わったという実感が持てない。だから話が長くなり、ますます聞いてもらえなくなる。――よくある光景ですが、本当にもったいないと思います。

◇本気の『WIN‐WIN』だからこそ聞いてもらえる！

自分にも相手にもメリットがある。それぞれが、それぞれの求める〝価値〟と〝勝ち〟を持ち帰れる。――それが本当の『WIN‐WIN』。

自分にだけ都合のいい話では聞いてもらえないし、『YES』はもらえません。逆に相手にばかりメリットのある話は、そう何度もできないし、そんな関係は続けられない。

「I win」――ビジネスですから、私もしっかりメリットを持ち帰ります。
「You win」――私の大事なビジネスパートナーだからこそ、あなたにも勝ってほしい。

相手にとって本当にメリットのある話であれば、堂々と伝えられるし、ちゃんと聞いてもらえます。自分にとってもメリットのある話なら、伝える意欲も高まります。『WIN‐WIN』のメッセージは、気持ちよく言えて、気持ちよく『YES』をもらえます。いつもきちんと『WIN』を渡してくれる人の話なら、相手も「次はどんな話をしてくれるんだろう」と期待し、「もっと聞きたい」と思うはず。

また会いたい、話を聞きたい、この人と仕事がしたい――。そう思ってもらえれば、あなたにとっても『YES』をもらうチャンスが広がります。

互いに『WIN』を渡し合う協調的な関係、どちらも『WIN』を増やしていける発展的な関係。これが、アサーティブな『WIN‐WIN』のスタイルです。

自分のメリットを最大化するシナリオを用意して、付け足し程度に相手にもメリットを渡す――そんな小手先の『WIN‐WIN』は、すぐに見破られます。

「この話に乗れば、自分も儲《もう》かるけど、アイツはもっと儲かる」。疑心暗鬼《ぎしんあんき》になった相手から『YES』を引き出すことは、かなり難しいものです。

私の主張は、あなたにとって価値ある『WIN』。

あなたの『WIN』が、私にとっても価値ある『WIN』。

大切なのは、本気の『WIN‐WIN』。自分を大事にし、同じように相手も大事にする。このスタンスをしっかり押さえていれば、どんなに難しい状況でも『WIN‐WIN』のシナリオは必ず見つかるはずです。

「言う」「伝える」の前に、ちゃんと〝感じて〟いますか？

アサーティブとは、すがすがしく自己主張する技術。相手にちゃんと伝わる会話の技術です。準備やトレーニングは必要ですが、決して難しいものではありません。今日からスグに使えるスキルと、ちょっとした発想の転換。実際にやってみれば「言える、伝わる！」を実感してもらえるはずです。

「私は口ベタだから」と、諦《あきら》める必要はありません。
「あの人とは相性が悪いから」と、投げ出してはいけません。

言えない場面、言いにくい相手。人によって〝症状〟はいろいろです。でも、症状や苦手意識の原因がわかれば、きっと言えるようになります。こうした症状別の「言う技術」を、本書の第2章でご紹介します。さらに、言ってはいるけど聞いてもらえない、伝わらないという人のための「伝える技術」を第3章にまとめました。

　世の中には、いろいろなタイプの人がいます。コミュニケーションを図《はか》るには、相手を知り、相手のタイプ、志向、目線に合わせて伝え方を工夫することも大切です。こうした〝相手目線〟を理解するポイントを集めたのが第4章。

　第2章、第3章が「言う」「伝える」の基本編なら、第4章は応用編。メッセージを届けたい相手の顔を思い浮かべながら読んでみてください。

　コミュニケーション・スキルは、誰でも、何歳からでも伸ばせます。でも、スキルばかり磨いても〝聞いてもらえる〟ようにはなりません。まず、自分自身に聞いてみてください。


——自分の本心、ちゃんと受け止めていますか？

——最近の出来事で嬉《うれ》しかったこと3つ、ガッカリしたこと3つ、挙げられますか？


　スキルと感情は、いわば車の両輪。どちらかに偏《かたよ》ってしまうと伝わりません。実際は、かなりの人が自分の感情を封印していたり、置き去りにしたり、気づかないフリをしていたり。でも、実はココがすごく大事。最後まで読んでいただければわかると思います！

Column

メッセージを届けるための
3つの条件

コミュニケーションには、確かな方法があります。
正しい道具を、正しく使って、正しく場数を踏めば
必ず上達します。
必要なのはスキルだけではありません。
本当に興味を持って話を聞いてもらうには、
「3つの条件」をクリアしておくことが大事。

①「伝えたいこと」がある。
② それを伝える「意欲」がある。
③ 上手に伝える「スキル」がある。

伝えるべきことが曖昧《あいまい》なままでは、
相手も受け止めようがありません。
「どうせ伝わらない」
「言ってもムダ」
「わかってもらえるはずがない」と思っていれば、
それは表情にも言葉にも表れてしまいます。
スキルを磨く前に
「何を」「誰に」「なぜ」伝えたいのか、
自分の本心に耳を傾けてみてください。

第2章

「言う」技術

苦手意識の原因が
わかれば、言える!

PART Ⅰ

【相手別】苦手解消のヒント

まずは、自分のウィークポイントをつかんでおきましょう。

「言いたいことがあるのに、この人には言えない（他の人になら言える）」

「仕事だから一応言ってはいるけど、かなり言いづらい（できれば言わずにすませたい）」

そう思ってしまうのは、どんな相手ですか？


誰にだって、苦手な相手はいるもの。難しいクライアント、口うるさい上司、口ごたえの多い後輩や、自分勝手な同僚。でも、仕事ですから、話をしないわけにはいきません。

苦手な相手であっても、その人から確かな『ＹＥＳ』をもらうことが、あなたの仕事。

その『ＹＥＳ』が、仕事を前に進めるカギを握っています。大事なことは、ちゃんと声に出して、伝えましょう。

ここでは「どんなタイプの人が苦手か」ではなく、自分と「どういう位置関係にある人」

に言えない、言いづらいと感じているかを考えてみてください。立場の上下、利害の有無、面識の有る無し、付き合いの深さ。その〝症状別〟に苦手意識の解消法をご紹介します。

症状１　「初対面の人」に言えない

「知らない人を前にすると緊張してしまう」「どんな話をすればいいのかわからない」「相手のタイプがわからないから不安」「利害関係がなければ、初対面でも話せるんだけど……」

症状が同じでも、阻害要因は人によって様々です。

なぜ苦手なのか。どういう相手が苦手なのか。逆にどういう相手なら平気なのか。自分の症状を分析し、それに合う処方箋《しょほうせん》を選んで「言えない」のモヤモヤを解消しましょう。

◇目的をはっきりさせる

営業で初めて訪問する会社の担当者。就職・転職したい会社の面接担当者。社内でも、例えば会議で初めて顔を合わせた他部署の人、他社・他部署からきた新しい上司や同僚――。

初対面の相手にも、いろいろあります。どんな相手であれ、「言えない」「言いづらい」

を払拭《ふっしょく》するには、まず相手との位置関係を正しく認識することが大切です。

どういう位置関係で、なぜ会っているのか。その人に、自分は何を伝えたいのか――。相手との位置関係がわかれば、相手のニーズや関心事もおおよそ見当がつくはず。会っている理由や目的が明確なら、伝えるべきポイントや話の優先順位も整理できます。

そもそもコミュニケーションの狙いは、自分が相手にとってもらいたい行動を、とってくれるように相手を動かすこと。特にビジネスの場合は「自分は、この人に何をしてもらいたいのか」をはっきりさせて会話に臨《のぞ》むことが大切です。

例えば、営業で初めて訪問する会社の担当者に、商品を買ってもらいたいのか、とりあえず商品の特長を理解してほしいのか。あるいは、自社のことを知ってほしいのか、相手のニーズを聞かせてほしいのか。新任の上司なら、自分のことを知ってほしいのか、進行中のプロジェクトの現状を把握してほしいのか。マネジメントの方針を教えてほしいのか、方針への自分のリクエストを聞いてほしいのか。

相手にとってもらいたい行動をイメージしながら、何を伝えたらそうしてくれそうか、自分はどんな『ＷＩＮ』を相手に提供できそうか、考えてみましょう。

◇まずは小さな〝一歩〟から

相手との位置関係と、面会の目的を明確にする――。「当たり前じゃないか」と思うかもしれません。でも、そんな当たり前のことができていない人、実は結構います。「商品のことを知ってもらうだけでもいいんだけど、買ってもらえるならそれにこしたことはないし、たくさん買ってもらえればすごく助かるんだけど……できれば5億くらい」一体どこに話のゴールがあるのかわからない。これでは相手も動きようがありません。だからといって、「買ってください」の一点張りでは、買ってもらえません。「買ってもらわねば」と思うと緊張もするし、焦《あせ》りもする。あなたが焦れば、相手は尻込みしてしまいます。顔に「ぜひとも5億!」と書いてあれば、話を聞く前から相手はウンザリです。

発注してもらうには、見積もりが必要。見積もりを出すには、予算や希望を聞かなきゃいけない。そのためには、少なくとももう一度会わなくては――。次のアポイントを取り付けるために、まずは「また会いたい、もう少し話を聞きたい」と思ってもらおう。

このように小さなマイルストーン(一里塚《いちりづか》)を作って、それを1つずつクリアしていく。

初対面の会話は、そのための第一歩。そう思えば、落ち着いて話ができるはず。また会いたいと思ってもらうには何が必要か——と考えれば、相手の話もしっかり聞けるはず。

——実は、この〝聞ける〟が〝言える〟の大事なカギを握っています。

ちゃんと相手の話を聞く

初対面の会話が苦手なのは、おそらく初対面の人に話をちゃんと聞いてもらえた経験があまりないから。聞いてもらえないのは、相手が〝聞きたい〟と思う話ができていないから。初対面だから、相手が何を聞きたいのかわからないのは当然です。

だからこそ、聞く。話を聞いてもらうには、まず相手の話を聞いて、相手のキーワードをたくさん拾うことが大切です。

「言えない」という人の多くは、自分の言いたいことしか考えていません。何を話そうか、どう話そうか。言いたいことと不安を山ほどカバンに詰め込んで、挨拶《あいさつ》もそこそこに「早速ですが……」。でも、自分が喋《しゃべ》っている間は、相手の話は聞けません。

相手のことがわからないまま、不安なまま、どんどん喋って、ヘトヘトになって——。

でも、その間、相手はどう感じていると思いますか？

「この人、他の会社でも、きっと同じ話をしてるんだろうなぁ」

相手のことをちゃんと見ないで「あなたのため」「御社のために」と言っても説得力がありません。何に関心があるのか、どんな課題を抱えているのか、タイミングはどうなのか。状況とニーズをしっかり聞いて、相手のキーワードを使いながら「ならば御社には」と、相手仕様の話にすることが大切です。

本気で話を聞いてくれた、わかってくれたと思えれば、相手も〝聞く〟準備ができます。

「うちのことをちゃんとわかってくれた〝この人〟の話を聞いてみよう」

初対面の会話で拾ったキーワードは、必ず次の機会に活きます。

「作業効率の向上が一番の課題、とおっしゃっていましたね。今日は御社の効率アップに役立つ商品をお持ちしました」

ちゃんと聞けば、言える。ちゃんと聞いているからこそ『WIN-WIN』の提案ができる。相手にとって本当にメリットのある話ができれば聞いてもらえるし、それを実感できれば初対面の会話にも、必要以上に苦手意識を持つことなく臨めるはずです。

◇自己紹介は〝15秒〟で！

初対面だからこそ〝言う〟より〝聞く〟ことが大事。でも、いきなり「御社の話を聞かせてください」では、相手も警戒してしまいます。

「この人に話してみよう」「話す価値がありそうだ」と思ってもらうには、まず、あなたが相手の『ＷＩＮ』を本気で考えているということを、知ってもらう必要があります。それが、初対面での〝自己紹介〟の役割。自己紹介で伝えるべきポイントは３つあります。

①あなたが相手に関心を持っていることを伝える。
②今日、伝えたいことを相手メリットで予告する。
③相手メリットで、あなたの実績をアピールする。

まず①で、２つの〝プラス〟を渡します。まずは会えたことへの感謝のプラス。
「お会いできて嬉しいです」

「お忙しいところ、お時間をいただきまして、ありがとうございます」

さらに、

「コスト削減に力を入れていると伺《うかが》っております」

「今朝の新聞で取り上げられていた御社の新商品に、私もすごく興味があります」

これは、相手の関心事を尊重している、というプラス。


その上で、相手が安心してあなたの話を聞けるよう、今日、伝えたいことの内容と所要時間の目安を〝予告〟します。

「御社のコスト削減に役立つ商品をお持ちしました」

「質問にお答えしたいので、商品の説明は10分ほどで」

ここは〝相手メリット〟で予告することが肝心。同じ商品でも、

「当社イチオシの新商品をお持ちしました」では、相手にとってのメリットが見えません。メリットが見えないと、聞く価値のある話かどうか、相手は判断できない。

「事務の効率化に役立つ商品をご提案します。当社でも一番の売れ筋商品で、多くのお客様にご好評いただいています」。これなら、2つのメリットを提示できます。

そして最後に〝あなた〟を知ってもらう。これも、相手メリットで。「この人の話なら、聞く価値がありそうだ」と思ってもらえるような、実績や経験など、裏づけとなるデータを示すことが大切です。

「この分野で3年の経験を積みました」
「すでに3社に導入していただき、作業時間を4割削減した実績があります」
「年間250日、ほぼ毎日、お客様の声を聞いています」

本気で聞いてもらえる自己紹介の基本は次の3つ。

①相手が一番気にしているところを褒《ほ》める。
②そこを「もっとよくするお手伝いができる」ことを伝える。
③なぜなら「こういう実績があるから」という裏づけを示す。

長々と話しても聞いてもらえません。3つの要素を、15秒で伝えてみてください。
「たったの15秒!?」と思うかもしれません。でも、これが、人が集中して話を聞けるギリギリの長さ。人は、それほど他人の話を聞いていないものです。ここで相手の心をつかめなければ、その先の話は聞き流されてしまいます。

ぶっつけ本番では、うまくいきません。相手について自分なりにリサーチした上で、リハーサルしてみましょう。相手が目の前にいるつもりで、ちゃんと声に出して。

15秒しかありませんから、無駄な言葉は入れられません。「あのー」「そのー」「えー」は、ぐっと飲み込んでください。焦って、早口にならないように。相手の反応を確かめられるよう、適度な間合いを入れることも大切です。

◇目の前のゴールに固執しない

万全の準備こそ、初対面の席での緊張を解く特効薬です。しっかり準備した上で、本番では相手の反応を見ながら、話を広げたり、方向修正したり。自分の話や自分の言いたいことをたくさん〝言う〟より、相手の言葉を一つでも多く〝拾う〟ことを心がけましょう。

相手に関心があることを示し、相手にもあなたに関心を持ってもらう。これが初対面トークのゴールです。相手が関心を示してくれたら感謝のプラスを表し、次につながる一言で締めくくります。

「貴重な機会をいただき、ありがとうございました」

「○○の件は、すぐに調べてご連絡いたしますので、ご確認いただけますか?」

単に「また、ぜひお時間をください」ではなく、

「早速、具体的なプランをお持ちしたいと思います。ご都合はいかがですか?」。

ここも相手メリットで、相手にとっての〝また会う理由〟を伝えることが大切です。


たとえ、ここで『NO』と言われても、ガッカリする必要はありません。それはそれで相手の選択。「そうなんだ」と、ニュートラルに受け止めましょう。

もし「どうしても、もう一度会いたい」のなら、どうすれば会いたいと思ってもらえるかを考える。それが難しいと判断したら、自分のゴールを達成する別の方法を考えてみる。

この人にもう一度会って『YES』をもらうことが、あなたの仕事の最終ゴールではないはずです。別の人に会う、別の方法でゴールを達成する——。

自分の本当のゴールが見えていれば、目の前の『YES』に固執したり、『NO』と言われて自分を否定されたような気分になることもないはずです。

Column

相手の言葉を“ニュートラル”に受け止めていますか？

『ＮＯ』と言われて、バッサリ斬《き》られた気分。

ガッカリしたり、逆恨みしたり。

相手の言葉を額面通り、ニュートラルに受け止められていない人が結構います。

原因は、相手に対する先入観や思い込み、
そして過度な期待。

初対面なのに「この人、苦手なタイプ。相性が悪そうだから言えない」とか、逆に「自分と似ているタイプだから、かえって言いづらい」とか。

まだ相手をよく知らないうちから、
決めつけていませんか？

この人には話が「通じるはず」と思うと、
大事な話を端折《はしよ》って失敗します。
この人には「きっと通じない」と諦《あきら》めるから、
本当に通じない。
相手のことを「わかったつもり」になると、
話をちゃんと聞いていないから、
大事なキーワードも拾えない。

「勝手にくくらない」「わかったつもりにならない」

――これがアサーティブの基本です。

症状2 「よく知っている人」には言いづらい

「初対面の人と話すのは苦手」という人がいる一方で、逆に「初めて会う人になら話せる」という人もいます。

よく知っている人だと、微妙な利害関係とか、力関係とか、ついついいろいろなことが気になって、だから「かえって話しにくい」ということもあるでしょう。

◇明日も会う人だからこそアサーティブに

よく知っている人に言いづらいのは、おそらく相手の反応が想像できるから。「こんなこと言ったら、きっと怒る」「嫌われるかも」。

あるいは、相手も自分のことをよく知っているから、「よく言うよ」「今さらそんなこと言うなよ」と言われてしまいそうで、言えない。逆に、「また言ってるよ」「しつこいなぁ」と言われそうで、言えない——。でも、仕事を前に進めるために必要なことは、きちんと言うべき。相手にプラスになることなら伝えてあげるべきです。

言いにくいと思うと、話がまわりくどくなってしまいがち。でも、よく知っている人だからこそ、アサーティブに。

「○○の件で話があるんだけど、３分いい？」

すでに何度か言っていることなら、

「今日はちょっと真剣。聞いてくれる？」と、ペースや切り口を変えてみる。

もちろん、その先のメッセージを、ちゃんと〝相手メリットで伝える〟ことも大切です。例えば、相手の仕事が遅れ気味で、自分の仕事にも支障が出ている時。

「早くしてよ、一体どうなってるの？」ではなく、

「締め切りは昨日だったけど、まだもらってないよね。いつ仕上がる？ それがないと僕も報告書をまとめられないから今日中には欲しいんだけど。データ入力なら僕も手伝うから」

大切なことは、

①事実ベースで伝えること。
②相手メリットで、こちらも歩み寄りを示すこと。
③相手の話も、ちゃんと聞くこと。

「早くしてほしい」「やめてほしい」など、自分都合のメッセージを一方的に投げつけようとすると、言いづらくなります。

「一体どうなってるの？」と、相手を追い詰めてもいいことはありません。「いつ仕上がる？」「どう思う？」と投げかけて、相手の事情や言い分にも耳を傾けることが大切です。


同僚でも、家族でも、よく知っている（付き合いが長い）人の話ほど、ちゃんと聞いていないものです。ちゃんと聞いていないから、相手の本当のキーワードがわからない。だから、うまく伝えられない気がして、言いにくくなる。

思い込みは禁物です。付き合いの長い短い、深い浅いにかかわらず、大事な相手の話はニュートラルに、本気で聞きましょう。

◇言うデメリット、言わないデメリットを天秤《てんびん》にかける

コミュニケーションには、いろんな選択肢があります。「言わない」ことも、その一つ。よく知っている相手は、明日も会う人。明日も笑顔で握手できる関係でいたいはずです。波風立てても言うべきか、言わずにこの場を乗り切りたいと思うかは、あなたの判断です。

今・ここで・私が・この人に・これを「言うデメリット」と「言わないデメリット」。両方を天秤にかけて、言う・言わないを自分で判断すれば、どちらを選んでもモヤモヤ感はそれほど残らないはずです。

言いたい気持ちが強いと、言わないデメリットばかり探したり、逆に言いたくないと思うと、言うデメリットをたくさん並べて「やっぱり、やめておこう」となってしまったり。でも、これは判断ではなく、単なる言い訳。

言った場合と言わない場合の相手の反応と、自分の気持ち。両方の目線で、どちらが『ＷＩＮ‐ＷＩＮ』になるか、自分はどちらを選びたいのか、きちんと考えてみましょう。

◇迷惑行動に『ＮＯ』と言う方法

よく知っている人に対して特に言いにくいのは、やはり迷惑行動に対する『ＮＯ』だと思います。終業間際に仕事を言いつける上司。大事な仕事情報を共有しない同僚。勝手に仕事を進めてしまう先輩社員――。言いにくいけれど、ちゃんと声に出して言わないと「あの人は『ＮＯ』と言わないから」と思われて、迷惑行動が増える危険もあります。

「○○ですので、困ります。やめていただけませんか？」

これが迷惑行動に『NO』と言う時の基本構文。ちゃんと理由を添えて、一言でキッパリと。ムッとしたり怒った声ではなく、ニュートラルに、すがすがしく、大きな声で。

こうした『NO』は、伝えるタイミングが大切です。大勢の前で指摘して、相手の気持ちを傷つけてはいけません。ずいぶん時間が経ってから「あの時は……」と切り出せば、相手はビックリしてしまいます。やったことを相手が忘れている可能性もあるし、長いこと言えずに溜《た》め込んでいた不満は、トゲのある言葉となって「だいたい、あなたは、いつも……！」と、相手を必要以上に攻撃してしまいがちです。

「この時間に言われても困ります。今回は頑張りますが、次からは、依頼は5時までにお願いできますか？」

「今日は手いっぱいですので無理です。明日の午前中なら仕上げられます。間に合いませんか？」

これなら相手への歩み寄りも、示せます。キッパリ『NO』と言っても、次につながるメッセージにすれば、ちゃんと聞いてもらえます。

症状３　「上司」に言えない、「部下」には言いづらい

「いつも忙しそうで、話を切り出しにくい」と気を遣《つか》っているのだとしたら、話は簡単。報告や相談が遅れると、かえって迷惑をかけることもあります。

「○○の件でご相談があります。３分いいですか？」

と、ストレートに言うことで、相手への正しい気遣いを示しましょう。

３分と言ったなら、３分で話を終えられるよう準備しておくことも大切です。もし「あとで」と言われたら、「わかりました」。あとにしましょう。急ぎの用なら「先方が返事をお待ちなので、２時までにお時間いただけますか？」。ちゃんと理由を添えて、伝えます。

でも、言いにくい本当の理由は、あなたのメッセージが上司への〝文句〟になっているからではありませんか？

「早く決裁してくれないと仕事が進まない（でも、急げとは言えないし）」とか、

「月内に『あと２億』なんて無茶だよ（自分はちっとも動かないくせに）」とか。

単なる文句は、言うほうも、言われるほうも、気持ちのいいものではありません。文句が言いにくいのは、それが相手に『ＷＩＮ』のないメッセージだから。でも、その文句、ちょっと目線を変えれば『ＷＩＮ‐ＷＩＮ』の提案にできるはずです。

◇上司が上の人から認めてもらえるような道具を渡す

上司は、あなたの仕事を前に進めるカギを握っています。文句を言って敵対したり、困らせてもいいことはありません。あなたの仕事を前に進めるためにも、正しく『ＷＩＮ』を渡してあげることが大切です。

ごまをすったり、よいしょしたり。言いなりになることが相手の『ＷＩＮ』ではないはずです。上司にとっての『ＷＩＮ』は、その上の人から認められること。そのための道具――つまり、上の人に報告できる成果や情報を、渡してあげましょう。

上司が上の人に認められ、発言力を持てば、あなたの企画が通りやすくなったり、部の予算が増えたり。ちゃんと『ＷＩＮ』を渡せば、あなたにも大きな『ＷＩＮ』が返ってきます。

上司に「言えない」「言いにくい」のは仕事が滞っている時の報告や、上司に少々面倒なことを依頼する時。あるいは、上司の間違いを指摘する時ではないでしょうか。

でも、仕事が遅れていることを早めに報告し、適切な対処ができれば上司にはプラス。少々面倒でも営業に同行してもらえれば商談が前に進み、結果、受注につながれば上司にとっては大きなプラス。間違いも、早めに修正できればトラブルを避けられます。


冒頭のケースも、「早く決裁していただかないと困るんですけど……」ではなく、「今日中に決裁していただければ、月内にはサービスを開始できます」。

「あと2億なんて無茶です」ではなく、

「1億はいけると思います。営業人員をあと2人確保していただければ、2億達成に向けた体制もつくれると思います」。


自分がどう動けば、どんなメリットがあるのか。動かなければ、どんなデメリットをこうむることになるのか。それがわかれば上司も動いてくれるはず。あなたの提案に『YES』と言うとは限りませんが、少なくとも相手にメリットのある提案なら、言いやすくなるはずです。

◇プラスもマイナスも隠さず伝えること

プラスの情報も、マイナスの情報も、上司にはつまびらかに伝えることが大切。言いにくいことほど、相手には重要な情報です。企画を提案する時も同様。『NO』と言われないよう、企画のプラス面ばかりを強調する人もいますが、マイナス面を隠そうとすれば相手は警戒し、『YES』が遠のいてしまいます。

上司や部署全体にとって、どんなプラスがあるのか。企画の概要とメリットを説明したら、上司が気にしそうなデメリットについても、相手に指摘される前に、自分から伝えましょう。もちろん、その対策もしっかり考えておくことが肝心です。
「仕事は増えますが、データの入力作業を外注すれば、現在の体制でも対応できます」

企画へのGOサインをもらうには、相手の『YES』の条件をクリアし、『NO』の理由を払拭してあげることが大事。上司は結果に対して責任がありますから、一つ上の目線で企画を見ています。提案する前に、上司目線で『YES』の条件と『NO』の理由を検証しておきましょう。そこまで考えての企画なら、自信を持って言えるはずです。

◇年下の上司は厄介？

年下の上司、年上の部下。「どうもやりにくい」という声をよく聞きます。「上司なのに、若いからナメられてる気がする」とか、「俺のほうが年上で経験もあるのに、部下だと思ってバカにしている」とか。

やりにくい理由、言えない原因。相手のせいにしてしまってはいないでしょうか。一番の原因は、多分、自分に自信がないから。自信がないから、相手のこともちゃんと尊重できない。だから関係がギクシャクしてしまって、ますます言いにくくなる。

年齢やポジションに関係なく、相手の尊重すべきところは、本気で尊重しましょう。経験、知識、能力、人脈、仕事への貢献――。すごいところは掛け値なしで「すごいですね」と認め、声に出して褒める。すごいところを１００％認めた上で、「違う」と思うところも、事実ベースで、理由を添えて、きちんと伝えるべきです。

たいていは、違うと思ったことをちゃんと相手に伝えられなくて、モヤモヤとした不満を溜め込んでしまう。だから、相手のすごいところも１００％評価できない。

「確かに数字は出しているけど、経験も浅いし、まだまだヒヨッコだし、俺のほうが……」

でも、あなたが相手を１００％評価していないと、相手も１００％尊重されているとは感じません。その不満やモヤモヤが、あなたへの評価も割り引いてしまいます。

「確かにキャリアはあるけど、考え方が古いし、最近は数字も出てないし……」

こんな関係は、協調性も発展性もない『ＬＯＳＥ‐ＬＯＳＥ』の典型。相手をきちんと評価しないことが、あなたの『ＬＯＳＥ』を招いています。

年下であっても上司は上司。相手にあって自分にないものを正当に評価し、自分にあって相手にないものを渡して『ＷＩＮ‐ＷＩＮ』の関係を築くこと。同様に、年上であっても、大事な部下。正しく評価してモチベーションを高く持ってもらい、言うべきことはきちんと伝えて仕事の質を上げてもらうことが、両者にとって何よりの『ＷＩＮ』。

ニュートラルに聞いて、正当に評価する。本気で尊重していれば、相手もあなたを頼ってくれるはずです。

◆上司には言えるけど、部下には「言いにくい」？

「部下にはビシビシ言えるけど、上司には言えない」というのも問題ですが、「上司には何でもバンバン言えるのに、部下には言いにくくて……」というのも、かなり問題です。上司に対して、本当にアサーティブに〝言えている〟のなら、部下に対しても同じように言えるはず。「上司には言えるけど」は、アサーティブに言えていない証拠です。

好きな（仲のいい）上司には、「何を言っても受け止めてくれる」という甘えがあるから言える。嫌いな上司には、「どう思われても構わない」と思っているから言える。どちらも、本当の意味で上司のことを尊重していない——。だから、自分が部下を持った時、言えなくなるのではないでしょうか。

自分が上司に何でもバンバン言っていたから、自分も下から言われそうで、尻込みしてしまう。「言われたくない」「嫌われたくない」「いい上司と思われたい」という邪《よこし》まな気持ちが働いて、部下には言いにくくなってしまう——。

「いい人ね」という好意や評価と、仕事上の尊敬・信頼は必ずしも一致しません。もちろん、なかには感じがよくて、かつ尊敬され、信頼される上司もいます。でも、大切なのは後者。なぜなら、尊敬・信頼できる上司のもとで働くことが部下にとっての『WIN』だから。「うるさいこと言わないし、いい人なんだけど、上司としてはちょっとね」。これが一番困るパターンです。部下も上司のことを諦めているし、部下に厳しいことを言えない上司も、本気で伸ばそうとしていないという意味で、部下を諦めている。表面的には和《なご》やかな関係でも、ビジネスとしては『LOSE - LOSE』です。

◇叱るも褒めるも「AID」で伝える

部下のミスやルール違反。あるいは、ビジネスマナーに反する言動。叱《しか》る時は、ストレートに。でも、その指摘に〝聞く耳〟を持ってもらうには、日頃から彼らの頑張りや成長をきちんと褒めてあげることも大切です。

「ちゃんと見てくれている」「まだまだ伸びると信じて、接してくれている」。そう思えれば、耳の痛い話も素直に聞けるし、上司にも『WIN』を渡してあげたいと思うもの。これが、部下のモチベーションを引き出す一番のクスリです。

ただし、やみくもに褒めたり、叱ったりしても聞いてもらえません。どちらも「AID」で、アサーティブに伝えましょう。

「A」＝行動（Action）
「I」＝影響（Impact）
「D」＝成長（Development）

褒めたい・叱りたい言動を、事実で具体的に指摘し、その影響を伝える。その上で、この経験をどう発展・改善していけばよいか、本人が自分で動けるよう〝道筋〟を示します。

「A社へのプレゼン資料、予定より早く仕上げてくれて（行動）、ありがとう。新しい販売戦略、お客様にも好評だったよ（影響）。あのアイディア、他の企画にも活かせそうだから、来週の部会で発表してみたら？（成長）」

「今期分の決算書、２日遅れたよね（行動）。経理への提出が遅れて、最終チェックに十分な時間がとれなかったと言われました（影響）。忙しいと思うけど、仕事の進め方や優先順位、もう一度確認してみない？（成長）」

部下には見えないところでの影響。より大きな視点での仕事力アップの方法や発想。一緒に仕事をしている上司にしか渡せない『ＷＩＮ』を、相手目線で、具体的に伝えてあげることが大切です。

最近、離職率が高くなっているせいか、「下手なことを言って辞められたりしたら、俺の評価が下がる」という人もいます。でも、「どうせ3年で辞めるんだろ」「言っても無駄」と思っているから、ちゃんと指導しないし、その結果、本当に辞められてしまう。本気で「一緒に１００億、目指そうよ」と思えば、部下もついてきます。

部下の成長を、本気で信じてあげること。彼らを伸ばすために、厳しいこともきちんと伝える覚悟を持つことが大切です。逆も真なり。上司のことを本気で信頼していないと、上司からも信頼されないし、だから仕事も任されない。

信頼してもらうには、まず相手を信頼すること。仲良く、和やかな『ＨＡＰＰＹ－ＨＡＰＰＹ』なだけの関係では、本当の信頼関係は築けません。

症状4　「クライアント」に言えない

「言えない」の症状の中でも一番悩ましいのが、これ。言いにくい原因や対処法は、基本的に「上司に言えない」と同じです。

ただ、上司との関係は、言っても言えなくても切れませんが、クライアントとの関係は、意外と簡単に切れてしまうこともある――そこが一番の違いです。

言って、相手を怒らせてしまえば取引停止。業績に直接影響します。そうなれば、社内でのあなたの評価も落ちてしまう。

でも、大事なことをクライアントに言えなかったことで、かえって相手に大きな損害を与えてしまうケースも少なくありません。結果、上司を連れて謝罪に行くことになれば、やはりあなたの評価は下がってしまいます。

利害がぶつかるクライアントにも、大事なことはきちんと伝え、なおかつ相手から気持ちよく『ＹＥＳ』をもらうことが大切です。

業種や職種にもよりますが、クライアントの要求を何でも鵜呑《うの》みにしている人が、クライアントに〝選ばれている〟かというと、必ずしもそうではありません。

最近は逆に、きちんと苦言を呈することができる人が選ばれるケースも増えています。それは、苦言もアサーティブに伝えれば相手の『WIN』になるから。本気の『WIN-WIN』で考えたメッセージなら、きっと『YES』をもらえます。

◇デメリットを軽減してあげることも、相手の『WIN』になる!

言いにくいのは、やはりクライアントの無理難題に対する『NO』。「何とか頑張ってみます」と期待を持たせておいて、「やっぱり無理でした」では困ります。

本当に無理なことなら、少しでも早く『NO』を渡してあげることが相手にとってのメリット。あなたの『NO』をきちんと受け止めてもらうには、2つのステップをきちんと踏んで、伝えることが大切です。

①『YES』を渡すための最大限の努力をする。

②相手のデメリットを最小限にしてあげるという目線で、建設的な『ＮＯ』を伝える。

『ＹＥＳ』を渡すための最大限の努力とは、相手の話をよく聞いて、要求の『ＷＨＡＴ』と『ＷＨＹ』をしっかり確認することです。

話を聞いた瞬間「できない」とわかっても、言下《げんか》に「それは無理です。できません」では、検討すらしていない印象を与えてしまいます。できない理由をいくら並べても、相手は納得しません。

値引き要求なら、何を、いくら下げてほしいのか（＝ＷＨＡＴ）と、なぜ値引きが必要なのか（＝ＷＨＹ）。納期を早めてほしいというリクエストなら、何を、いつまでに仕上げてほしいのか（＝ＷＨＡＴ）と、なぜ早める必要があるのか（＝ＷＨＹ）。

相手の要求をパーツ化し、相手の優先順位を確認します。

よくよく話を聞けば、相手の要求のＷＨＡＴに対しては『ＮＯ』でも、ＷＨＹをクリアしてあげる『ＹＥＳ』を渡せる可能性もあります。例えば、新商品を10％値引きしてほしいのは、今期のコストを全体で５％下げたいからかもしれません。ならば、

「この商品は値引きできませんが、他の商品で割引ができないか確認してみます」。あるいは、10％の値引きで浮いた予算を、販促に使いたいのかも。ならば、「値引きはできませんが、販促のお手伝いはできると思います」。
クライアントの要求のWHATに応えられない理由をたくさん並べるより、WHYに応える代案を一つでも提示したほうが、相手も嬉しいはず。相手に『WIN』を渡す努力をしていることがわかります。

でも、どんなに頑張っても相手の要求に応えることができない――という時は、軽々しく『YES』を渡すことの〝相手にとってのデメリット〟を丁寧に伝えます。「すでに最短で納入できるようスケジュールを組んでいます。さらに納期を早めるとなると十分な品質チェックができません。納品後にトラブルが起きてしまっては御社のお客様に迷惑をかけることになるので、おすすめできません」

建設的な『NO』なら、言ってもOK。相手メリットの建設的な『NO』なら、言えるはずです。

いざという時に、あなたの『ＮＯ』をちゃんと聞いてもらうためにも、普段から本気で相手の『ＷＩＮ』を考え、『ＷＩＮ』を渡して信頼関係を築いておくことが大事です。「この会社には、この程度のメリットを渡しておけば……」と出し惜しみをしていると、相手も「コイツには、これくらい言っても……」と欲張ってきます。日頃からアサーティブに。それがクライアントへの「言いにくい」を解消する一番の方法です。

◇「何でもいいから」は本意ではない！

クライアントからの難しい要求。「今回は持ち出しになるけれど、この人との関係を切りたくない」という場合もあると思います。そういう場合は、その意図や理由も添えて『ＹＥＳ』を渡すことが大事です。

「今期は利益なしです。でも、来月からの共同企画、ぜひ成功させたいので、今回は利益なしの受注を選びました」

難しい要求に応えるためにコストがかかった場合の上乗せ要求も、相手メリットでしっかり伝えましょう。

「ご注文ありがとうございます。ご注文の受付期間は過ぎておりますが、何とか納品できそうです。御社のお客様は目が肥《こ》えていらっしゃるので、売れ残りや半端な商品は回しません。ただし、全国の支店から集めることになりますので、代金は割増になります」

締め切りを過ぎてから注文してきた相手が悪いのは、確か。でも、「期限内にご注文いただければ何とかなったのに」とか、「御社のお返事が遅かったので」と相手を責めてもいいことはありません。「売れ残りでもいい、とおっしゃいましたが」と、揚げ足を取るような言い方もNG。そこを指摘することで、交渉を優位に進められるかも——と、思うのは間違いです。

人は、切羽詰《せっぱつ》まると「売れ残りでも」「多少キズものでも」「新人でも」「間に合わせでも」「もう何でもいいから」と、いろんな言葉を使って『YES』を取り付けようとします。「とにかくお願い！」——でも、それを真に受けて、適当なものを納品すれば、大変なことになります。

そのマイナスは、すべて納入者のマイナス。「何でもいいから」は本意ではありません。本意ではないことは、普段からしっかり相手の話を聞き、相手の優先順位がわかっていれば容易に想像がつくはずです。

相手の「何でもいい」を整理してあげましょう。

「御社は数優先でしたよね。できる限りたくさん、早急に集めてみます。いつも割引価格でご提供していますが、今回は複数箇所からの発送になりますので少々割高になります」

相手の要求に応えるために、どれだけ本気で努力したかがポイント。言いにくいことを、言いやすくするカギは、あなた自身の中にあります。

◆安易な『YES』が、あなたをコウモリにする

渡すべき『NO』は、ちゃんと渡すこと。安易に『YES』を渡してしまうと、会社に戻って上司に報告できず、板ばさみになってしまいます。

上司に報告できなければ、クライアントに渡した『YES』も実現できない。一旦渡した『YES』を撤回したとなれば、そのクレームは上司の耳にも届くはず。そうなれば、あなたへの評価も下がり、三者三様に『LOSE』を抱え込むことになってしまいます。

どんな仕事も、1対1だけの関係では完結しません。誰か1人だけを大事にしても、うまくはいきません。

外ではクライアントに「うちの上司は頭が堅くて」と悪口を言い、社に戻っては上司に「どうしようもないクライアントなんです」と悪口を言う。あるいは、上司に「うちの部下はちっとも動かない」と告げ口をし、部下には「部長が動いてくれないから」と愚痴を言う。

目の前の相手に日和《ひよ》って、もう片方をマイナスの引き合いに出している人、実は結構います。いわば、コウモリ状態。これでは、誰からも信頼されません。

クライアントにも上司にも、上司にも部下にも、言うべきことはきちんと伝えて、それぞれに確かな『WIN』を渡してあげること。

一度にたくさん渡そう、いい気分になってもらおうと欲張ってはいけません。できる範囲で、しっかり渡す。例えば、部下には、普段あまり話ができない上司の考えていることを伝え、上司には部下の頑張りを伝える。

両方に、同じように言えてこそコミュニケーション。どちらにも上手にものを伝えられて、初めて仕事は前に進みます。

PART Ⅱ

【場面別】苦手解消のヒント

相手が誰であれ、「こういう話をするのは苦手」「どうもうまく言えない」ということもあると思います。例えば、頼みごと。

「ちょっと手伝ってほしい」「急いで仕上げてほしい」「担当を代わってほしい」

そうしないと仕事が進まないことはわかってはいるけど、「みんなも忙しそうだし……」と、言葉を飲み込んでしまっている人は結構います。

頼まれたことへの『NO』や会議での反対意見も同様。でも、建設的な『NO』や反対意見は、相手のためにこそキチンと伝えるべきです。

なかには「1対1なら何でも話せるんだけど、朝礼とか、会議とか、大勢の人の前で話すのが苦手」という人もいると思います。逆に「1対1だと気詰まりで……」という人も。

自分が言いづらいと感じるメッセージの中身や、自分の意見・考えを声に出して言えない状況を分析してみてください。

ここでは、苦手な場面別に〝言う技術〟をご紹介します。

症状5 「大勢の前」だと言えない

スピーチ、プレゼン、会議での発言。「大勢の前で喋るのは苦手」という人は結構います。緊張して「しどろもどろになってしまう」とか、「ちゃんと聞いてもらえない」とか。

◇本当に伝えたい相手は誰か

大勢の前でうまく話せない原因の一つは、自分のメッセージを〝みんな〟に届けようとしているから。聴衆を〝みんな〟と十把一絡《じっぱひとから》げにしてしまうから、捉えどころがなくて不安になる。反応が鈍い時も、〝誰も〟聞いてくれていない――と思うから、ますます緊張してしまう。

30人の会議を例に考えてみましょう。この会議で自分のメッセージを本当に伝えたい相手は誰か。「この5人」と、的《まと》を絞って攻めていくのも一つの方法です。的を絞れば、伝えたい相手に合わせて、伝えるべきポイントを整理し、伝え方を工夫できます。

例えば「今回の会議では、自分が手がけているプロジェクトの革新性を、局長クラスの5人に伝えたい」とか。「具体的にどんなことをやっているのか、他部署のマネージャークラスにも知ってもらいたいけど、一番の相手は局長」とか。

あるいは、「管理部の5人に、現場の声を伝えたい。現場の仲間も参加しているけど、メインは管理部。管理部の反応や意見を、仲間にも聞かせたい」とか。

会議やプレゼンの目的、参加者がその場に集まっている理由、自分の立場、メッセージを伝えるべき相手を整理し、正しく理解することが大切です。

「今日のターゲットは、5人。残りの皆さんは、ターゲットにメッセージを伝えるためのサポーター」と思えば、気楽に話せます。でも、残りの25人が「つまらない話だなぁ」というオーラを発していると、それが肝心の5人にも伝染して「これって、もしかしてつまらない話かも？」と思われてしまいます。

かといって、残りの25人にも「面白いと思ってもらおう」とすると、肝心の5人に対する優先順位が下がり、本当に伝えるべき相手に正しく受け止めてもらうための〝正しい緊張感〟を保てません。

25人を無視するのではなく、優先順位をはっきりさせることが大切です。

「私が大事なのは5人。でも、5人が気持ちよく話を聞けるために、残りの25人にも理解してもらおう」――そう考えれば、5人が主で、25人は従。30人全員に、同じように聞いてもらおうとすると大変ですが、優先順位がはっきりしていれば気持ちに余裕ができるはずです。

結婚式での祝辞なども同じです。花嫁・花婿の知人として、「彼らの一面や面白いエピソードを出席者〝みんな〟に伝えよう」とするから〝誰にも〟伝わらないスピーチになってしまう。

確かにそれも祝辞に求められている役割の一つではありますが、祝辞本来の趣旨は「花嫁・花婿にお祝いの言葉を伝える」ことのはず。自分が2人の結婚をどんなに喜んでいるか、そういえばこんなこともあったよね――と語っていくうちに、それが〝みんな〟にも伝わる。〝みんな〟向けのスピーチを考えなくても、ちゃんと聞いてもらえます。

◇聴衆を〝かぼちゃ畑〟と思うべからず

人前でスピーチをする時、「かぼちゃ畑と思えば緊張しない」という人もいますが、かぼちゃ畑に向かって話をすることほど空しいものはないと思います。想像してみてください。畑の真ん中に立って30分、話し続ける自分の姿——。いたたまれなくなります。

かぼちゃではなく、ちゃんと〝一人ひとり〟に話しかけること。そして〝一人ひとり〟の反応を、ちゃんと見ること。それが大切です。


100人の聴衆を前にしてのプレゼンテーションも、「1対100」ではなく、「1対1」の100倍と考えれば、そんなに緊張しません。

「1対1」の会話の100セットと考えて、参加者一人ひとりと会話する。そうすれば、聞き手も「自分に語りかけている」と感じるし、話す側も「この人には聞いてもらえている」「あ、この人も聞いてくれている」と手応えを確かめられます。

何人いても、基本は1対1のパーソナル(個人的)なコミュニケーション。それが、たまたま今日は相手が1人だったり、30人だったり、100人だったりするだけ。

100人に向かって話そうとするから、伝えるエネルギーが100分の1になってしまい、インパクトのない話になってしまう。「100人のうちの1人」ではなく、全員が「大事な一人」。一人ひとりの顔を見て、目を見て、話しましょう。

◆「巧《うま》く話そう」と色気を出すな

大勢の前で話すと緊張するのは、知らない人に話しているから、という側面もあると思います。でも、社内の会議とか、長く取引しているクライアントとか、よく知っている人の前でも「やっぱり緊張する」という人もいます。

相手が知らない人であれ、よく知っている人であれ、緊張してしまうのは「巧く話してウケたい、評価されたい」という色気があるからではないでしょうか。

でも、話が巧いかどうかなんて、聞き手には興味のないこと。聞き手の一番の興味は「今日、自分が持って帰りたいものを、この人が伝えてくれるかどうか」です。

今日の会議・プレゼンで自分が相手に一番伝えたいことは何か。それは本当に相手にメリットのあることか。相手が求めているものは何なのか――。話の巧拙《こうせつ》より、本気の『WIN‐WIN』で、メッセージの中身にしっかり目を向けるべきです。

巧く話すことにゴールを置くと、話のウケが悪い時に、必要以上に焦ったり、慌てたり。でも、メッセージを届けることが目的なら、聴衆がつまらなさそうにしていれば、「あ、この話はご存じなんだ。じゃ、ここは端折って少しスピードアップしよう」とか、あるいは難しそうな顔をしていれば、「あ、この話はよく知らないんだ。もう少し詳しく説明しよう」とか。相手の反応をニュートラルに受け止めて、話を修正できます。

こうした聴衆の反応は、自分のプレゼンやスピーチを、その場に相応《ふさわ》しいものにしてくれる大事なサイン。見落としてはいけません。

「話が上手ですね」というのは褒め言葉ではない、と私は思っています。自分がもし、そう言われたとしても、それは「うまく伝わっていないということだな」と思います。

話を聞いて「悩みが一つ、晴れました」とか「動く気になりました」「私も〝言える〟気がします！」とか。そう言ってもらえるように届けたいと思っているので、「話が上手ですね」と言われるのは、実はちょっとガッカリ。

話が上手――というところで終わらない話にすることが大切です。

◆会議で発言できない本当の理由

会議の場で発言を期待されているのに「声を上げられない」とか、言いたいことがあったのに「言えなかった」とか。言いにくいと感じてしまう原因は、2つ考えられます。

1つは、自分の発言に自信がないから。あるいは、裏づけや準備が足りないから。もう1つは、「今、こんなこと言って話の邪魔にならないだろうか」「こんなこと言うと、気分を害する人がいるかも」と、周囲の迷惑を気にして言えないケース。

手ぶらで参加しても、場に貢献できるような発言はできません。言いたいことがあるのなら、自信を持って言えるように、きちんと準備して臨みましょう。

その上で、場の空気や話の流れをしっかりつかみ、発言の要・不要を〝仕事目線〟で判断することが大事。自分が伝えようとしているメッセージは、議題となっているプロジェクトや今後の仕事に必要なものかどうか。この意見を伝えなくても、会議や仕事がちゃんと進むのかどうか。

「これを言ったら、どう思われるか」ではなく、仕事における要・不要を見極めること。必要でなければ言わなくてもいいし、必要だと思うなら、メッセージが正しく伝わるよう、正しい手順を踏んで伝えましょう。

発言のタイミングも大切です。「言おうか、やめようか」とグズグズ考えて、かなり話が進んでから「あのー、さっきの話ですけど……」では、話の流れを止めることになってしまいます。

今は自由に意見を出す時間帯なのか、それともきっちりとした議事進行に沿って発言することが求められているのか。前者であれば、グズグズ考えないで、思い切って発言してみること。後者のように、きちんと時間配分ができているような場合は、無理やり話を止めて発言する必要はないはず。状況が読めないなら、声に出して確認しましょう。

「別の目線での意見があるんですけど、今、話したほうがいいですか？　それとも、あとのほうがいいですか？」

「あとにして」と言われたら「わかりました」と言って、あとにします。「せっかくだから聞かせて」と言われたら、簡潔に伝えましょう。「迷惑かなぁ……どうかなぁ」なんて、いくら考えてもわかりません。

会議の場で発言できない原因は、他にもある気がします。それは「すごい意見を言わなければ」という気負い。「すごい意見を言って評価されたい」とか「こんなこと言うとバカにされるかも」「評価が下がってしまうかも」という不安や色気があるから言えない。自分が〝評価されたい〟ためのメッセージは、『WIN-WIN』ではないから言いにくいもの。自分の意見がすごいかどうかではなく、場の議論を建設的なものにするために必要な意見かどうかを、相手目線で考えることが大切です。場の議論に必要な意見・メッセージであれば、ちゃんと尊重してもらえるし、評価もされます。

◆会議の場で「反対意見」を言う技術

会議の席で一番言いにくいのは、やはり反対意見。「個人攻撃になってしまいそう」「言われた人がムッとするかも」。あるいは、自分の反対意見に対して、さらなる反論がきた時、「揚げ足を取るようなツッコミをされたら、うまく対処する自信がない」。

まず、反対意見を伝える時は、

①ポイントを絞って伝えること。

②「サンドイッチ話法」で伝えること。

③事実のみを部分否定して、相手を全否定しないこと。

一度にたくさん言っても聞いてもらえません。反論のポイントは1つ、ないしは2つに絞りましょう。

いきなり否定形の話から入ると、相手も身構えてしまいます。伝える時は「＋《プラス》・－《マイナス》・＋《プラス》」のサンドイッチ話法で。「反論（－）」を、「プラス（＋）」のコメントでサンドイッチします。

「お客様満足が第一、という意見に私も賛成です（＋）。継続的にお客様のニーズに応えていくためにも、コストについての十分な議論が必要だと思います（－）。お客様満足を高めるためのアイディアをたくさん出してもらったので（＋）、それをベースに、コスト面とセットでさらに検討してみませんか？」

最初に、相手の意見の中で賛成できるポイントや相手に対するプラスを伝え、その上で反論ポイントをニュートラルに、事実ベースで伝えます。

「お客様満足が大切なのはわかりますが、企画部の話はいつも理想論だから困るんです。コストのこともちゃんと考えてもらわないと――」

言っていることは同じ。でも、聞き手の印象はずいぶん違います。

「だいたい」「そもそも」「いつも」は禁句。反論は、ピンポイントで、具体的に。「いつも理想論だから」と相手を全否定すれば、相手も全面闘争モードで切り返してきます。

最初のプラスをおざなりにすると、その先の話もちゃんと聞いてもらえません。「それはわかるんだけど」「悪くないけど」ではなく、「わかります」「いいと思います」。きちんと言い切ることが大切です。

最後にプラスのコメントや提案ができれば、建設的な議論につなげられます。

「あなたと私は同じゴールを一緒に目指している仲間」という目線で言葉を選び、伝え方を工夫してみましょう。

相手から反論された場合も同様に、サンドイッチ話法でフィードバックしましょう。まず、反論してくれたことへの感謝や賛成できるポイントを伝え、それから自分の考えを伝えます。健全な議論に反論はつきもの、反論の出ない会議ほど危険なものはありません。

「ご意見、ありがとうございます」

「真剣に考えていただけて、嬉しいです」

相手が感情的になって反論してきたら、言葉のトゲを抜いて〝言い換えて〟あげましょう。例えば、「そんなのコスト的に無理に決まってるよ」と言われたら、相手のキーワードを使って、

「コスト面の問題をクリアすることが大事だ、ということですね」。

相手が「だいたい○○君の話は、いつも理想論だから困るんだよ」と、名指しで個人攻撃してきたら、名前を消して、

「単なる理想論ではなく、実現可能な方法を考える必要があるということですね」。

もしくは〝部〟としての対応を示します。

「単なる理想論では、仕事が前に進まないということですね。営業部としても、その点は十分に検討したいと考えています」

相手の言い方をたしなめたり、喧嘩腰《けんかごし》で切り返すと、事態はますます悪化してしまいます。相手がどんなに感情的で、攻撃的で、聞く耳を持っていなかったとしても、あなたがニュートラルに受け答えできていれば、会議の場にいる他の参加者には伝わるはずです。

◇苦手な場面を回避する方法もある

いくら方法論を学んでも、実践でトレーニングしなければコミュニケーション力はつきません。苦手だからといって避けていれば、場数が踏めないから、上達もない。上達しなければ、いつまでたっても苦手なまま。——でも、どうしても大勢の前で話したくない、大勢の前で話すのは苦痛で辛いという場合は、それをしないのも一つの選択肢です。

例えば「一度に30人」に話すのではなく、小グループに分けて「1回5人の会議を6回」やる。あるいは、30人のうちの何人かには、事前に場を設けて伝えておくとか。

大勢の人の前で話すことを避けても仕事が前に進むのならば、苦手意識を無理に克服する必要はないし、嫌々ながらスピーチ教室に通う必要もありません。仕事を前に進めることがゴールですから、敢えて苦行に挑んでストレスを溜め込むより、自分の得意な方法で物事を進められるよう工夫してみるなど、発想を転換するのも一つの手だと思います。

なかには「大勢の前で話すのは平気なんだけど、少人数とか、１対１だとうまく言えない」という人もいると思います。この場合は〝相手〟に苦手意識の原因がありそう。どんな相手に、どんな話をするのが苦手なのか。ＰＡＲＴⅠの「［相手別］苦手解消のヒント」で、自分に合う処方箋を探してみましょう。

症状６　仕事を「頼めない」「断れない」

頼めない、断れない——。正反対のようですが、根っこは似ている気がします。「こんなこと頼むと、相手に悪いかも」「断ってしまうと、相手が困るかも」。自分としては、相手のことを気遣っているつもり。

でも、それは、そもそも相手が判断すべきこと。それを、勝手に先回りして判断しているだけ。相手の選択肢を狭めていたり、遠慮しているようで、実はすごく押しつけがましかったり。頼めないのも、断れないのも、相手に対してとても失礼なことです。

◇「断ると相手が困るかも」は不遜《ふそん》

あなたが相手に『YES』を渡すことが、相手にとってベストな選択肢——と、思っていませんか？　あなたが断ったからといって、相手に他の選択肢がないわけではありません。その場で断ってもらえれば、すぐに他の人をあたれるし、別の方法を考えられるかもしれません。たまたま思いついたから、あるいは一番近くにいたから頼んできただけかもしれないし、実はあなたが『YES』と言うことが、相手にとってベストな選択肢ではないかもしれない。そう考えると、「断ったら悪いかも」は、逆に不遜な感じがします。

もちろん、わざわざ声をかけてくれたのですから、あなたに頼んでいるのには理由があるはず。応えられるのであれば、応えてあげるべきです。

でも、できない仕事を引き受けて、後になって「やっぱり無理」では、かえって相手に迷惑。「だったら最初から断ってくれたらよかったのに」と、相手は思うでしょう。

本当に無理なことは、相手に選択肢を渡すつもりで、きちんと断ること。何とか手伝ってあげたいという気持ちがあるなら、できることを〝代替案〟として提供します。

「直接の手伝いはできませんが、資料は提供できます」

「今日は無理ですが、明日ならできます」

①『YES』なのか『NO』なのか、答えを曖昧《あいまい》にしない。
②依頼に応えてあげられないからといって、謝り倒さない。
③できない理由と、できる代案を添える。
——この3点を押さえておけば、相手メリットで、きちんと断れます。

◇せっかくの好意を無にする『NO』はガッカリ

『NO』と言いにくい場面は、他にもあります。例えば、相手が好意で「○○しましょうか？」と言ってくれる時。無下《むげ》に「結構です」とは言いにくいもの。

こういう場合の対処法には、2パターンあります。まず、相手がこれから何かしようとしている時。返事を曖昧にすると相手に労をかけてしまいますから、これは上手に断りましょう。

例えば「仕事、手伝いましょうか?」と言われたら、
「ありがとうございます。でも、もう少しで終わりますので、今日は大丈夫です。来週がヤマ場になりそうなので、その時に手伝っていただけると助かります」

感謝した上で、相手の好意を活かせる場面を「来週のヤマ場に」「決算前の忙しい時期に」と具体的に提示できれば、言いやすくなります。

あるいは、「夕食、ご馳走するよ」と言われた時。アフター5の付き合いが難しいなら、
「ありがとうございます。夜はちょっと難しいので、お昼にしていただけませんか?」とか、
「甘いものに目がないので、あんみつ、ご馳走していただけませんか?」とか。

アフター5の付き合いが難しい理由をアレコレ並べるより、代案を示して、自分から誘うほうがアサーティブ。両者にとって嬉しい代案を考えてみましょう。

私が1作目の本を出した時、「ぜひ、お祝いを。甘いものがお好きでしたよね」と言ってくださる方がいました。辞退しても「どうしても」とおっしゃるので、私は代案として、お願いをしました。

「本を買っていただけるとすごく嬉しいです」。先方も「なるほど、お菓子より、そのほうが喜んでいただけますね」。10冊買って周囲に配り、PRしてくださいました。

お祝いのお菓子は、食べたら終わり。でも、本のお祝いに、本が売れて、いろいろな方の手に届けていただけたら、私にとっては最高のお祝い。私が大喜びして、お祝いしてくださった方もハッピー。本をプレゼントされた方が喜んでくださったら、その方々にとってもプラス。

相手がこれから何かしてくれるという時は、２人きりの『ＷＩＮ‐ＷＩＮ』で終わらない、こんな提案を考えてみるのもいいと思います。

逆に、すでに相手が何かしてくれた時――例えば、「この書類、仕上げておいたわよ」とか、お土産《みやげ》をいただいた時は「ありがとう」と、受け止めてあげたほうがベター。

「美味しそうなお土産、ありがとうございます。スタッフと一緒にいただきます。今後は、くれぐれもお気遣いなく」

「書類、きれいにまとめてくれて、ありがとう。お願いしたいことがあったら、今後はこちらから声をかけさせていただけますか？」

アサーティブは、言いたいことをストレートに言う技術。でも、相手の好意を無にすることは、決してアサーティブではありません。

◆「頼みにくい」と言いつつ、相手の『NO』を拒絶していませんか？

頼みにくいのは、多分「こんなこと頼むと、相手に迷惑をかけてしまうかも」という気持ちがあるから。でも、迷惑かどうかは相手が判断することです。

あなたの頼みごとは、もしかすると相手にとって「やりたいと思っていたこと」かもしれません。やりたいことでなくても、あなたが考えているほど〝大変なこと〟ではないかもしれない。できないこと、やりたくないことなら、相手にだって『NO』と言う権利があります。

一番の問題は、ここ。「頼みにくい」と言いつつ、実際には「絶対断らないでね」オーラを出している人が結構います。

つまり、頼みにくいのは、相手から『YES』をもらうことを前提に考えているから。「この人に『NO』と言われたら、どうしよう」と思っているから。

「もう、あなたしかいないんです。お願いだから断らないで」と、切羽詰まった態度で哀願されれば、相手も身構えてしまい、かえって『YES』を渡しにくくなります。

「お願いします。譲歩もします。やってもらえたら、すごく嬉しいです」。仕事に必要なことは、ストレートに頼みましょう。拝《おが》み倒したり、無理強いしてはいけません。

「どう言えば断られずにすむか」と考えてしまいがちですが、気持ちよく『YES』をもらうには、相手の『NO』と言う権利をきちんと尊重してあげることが大切。そうすれば、こちらも気持ちにゆとりをもって頼めるはずです。

仕事を頼む時は、できるかどうかを相手が判断しやすいよう、「何を」「いつまでに」「なぜ」頼みたいのか、相手の〝行動形〟で、わかりやすく伝えましょう。

「急遽、A社に新企画をプレゼンすることになったので、明日の昼までに資料を作成していただけますか？ 資料に盛り込む要素やデータはこちらで用意します」

『NO』と言われても、「検討してくれて、ありがとう」の一言を必ず伝え、次につながる締めくくりにすることが大切です。

◇「罪悪感」の根っこを掘り下げてみよう

ある企業で購買を担当している方が、納入業者との価格交渉について悩んでいました。

「業者さんは立場が弱いから僕の言いなり。無理を押しつけているようで言いにくい――」

でも、相手が「それでも納入させてほしい」と考えているのであれば、必要以上に罪悪感を持つことはありません。『YES』と言うのも『NO』と言うのも相手の選択。『YES』と言わせて、本当に申し訳ないと思うなら、最初から頼むべきではありません。

「こんなこと頼んだら悪いかなぁ」も「断ったら、この人が困るかも」も、根っこにあるのは罪悪感。申し訳ないという気持ちや、何とかしてあげたいという希望はあってもいいと思いますが、罪悪感を持ってしまうのは、本気で相手に『WIN』を渡す努力をしていないからではないでしょうか。

本当は、もうちょっとやってあげられる（断らなくてもいい）とか、この場を乗り切る別の方法を持っている（無理に頼まなくてもいい）とか。あるいは、えこひいきをしているとか。右の人には無理を言って、左の人には「無理しないで。でも、右の人には言わないでね」と言っていたり。良心の呵責《かしゃく》があるから、罪悪感をぬぐえない。

「あの人には言わないで」と言わなければいけない行動は、十中八九《じっちゅうはっく》よろしくないことです。「あの人には」と言われたほうも、喜んでいてはいけません。違う場面では、あなたも「あの人には」のターゲットになっているかもしれないのですから。

相手のデメリットを軽減するために「できる限りのことはやった」と思えれば、スッキリ伝えられるはずです。会社のルールや方針で、自分にはどうにもできないことだったとしても、それはそれでビジネスライクに「自分としてはベストを尽くした」と割り切るべき。「頼めない」「断れない」という気持ちの後ろにモヤモヤとした罪悪感があるのなら、もう一度、自分にできることを検証してみましょう。

Column

“できない”ことと“やりたくない”こと、
自覚して伝えていますか？

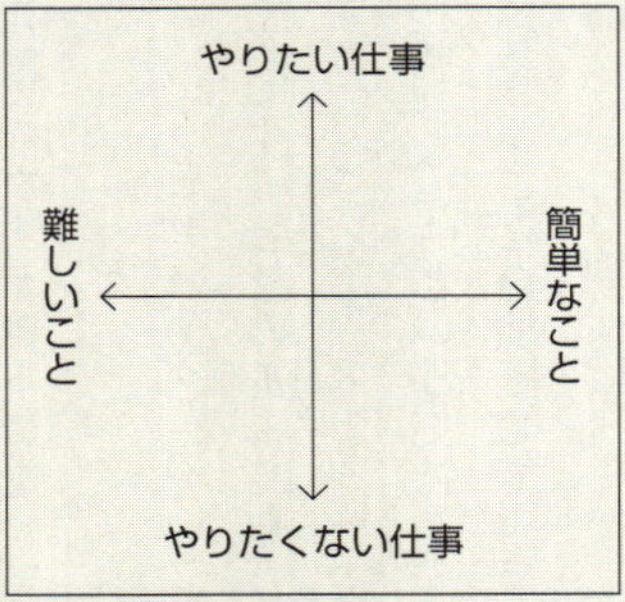

クライアントからのリクエスト。同僚からの仕事の頼み。

あなたが『ＮＯ』を言おうとしているのは、物理的な障害があるからですか？

それとも、気持ちの問題ですか？

「難しさの度合」、

「やりたくない気持ちの度合」を、上のマトリクスで確認してみましょう。

「難しそうだけど、それほどやりたくないわけじゃない」のなら、思い切って『ＹＥＳ』を渡し、チャレンジしてみましょう。きっとステップアップのチャンスになると思います。

「物理的に困難で、かつ、やりたくない仕事」なら、すがすがしく断りましょう。

問題は「やればできるけど、やりたくない仕事」。
やりたくない理由は何ですか？
経験がないから不安なのか、嫌いな仕事なのか、
“この人”の頼みは聞きたくないのか——。
できないこと、やりたくない理由。きちんと自覚して伝えることが大切です。

症状７　したいことを「したい」と言えない

言えなくしているのは、「わがままだと思われてしまいそう」「自分勝手なヤツとは思われたくない」という気持ち。でも、「やりたい」という気持ちを伝えることと、それをやっていいかどうかは別問題です。

勝手に決めて「します」では、言いにくいのは当然。一方的に「やります」「やりました」と言うのは失礼です。

◆きちんと準備して、相談ベースで伝える

したいことは「したい」と声に出して伝えなければ、実現できません。希望は、相談ベースで伝えること。相手が『ＹＥＳ』を渡しやすいよう、相談する前に自分なりの準備・努力をすることも大切です。例えば、２週間の休暇を取りたい時。

「休暇中に仕事が滞らないよう、○○と○○は終わらせておきます。留守中もお客様に対応できるよう、後輩に引き継ぎをしていきます。取らせていただけますか？」

きちんと準備をし、相談ベースで伝えた上で、相手の意向や懸念ポイントもちゃんと聞きましょう。『NO』と言われるかもしれませんが、『NO』の理由を払拭できれば『YES』をもらえるということ。したいことを実現するためのヒントだと思って、しっかり聞きましょう。

「将来こんな仕事がしたい」「こんなポジションに就《つ》きたい」など、少し先の自分のゴールや希望をアピールしておくことも大切です。伝えておけば、誰かの脳裏に残って、思わぬチャンスが巡ってくることもあります。

私も会社勤めをしていた時、「いつか海外で仕事がしたい」と言い続けていたら、アメリカ転勤のチャンスが巡ってきました。今の仕事を始めてから、「いつか本を出したい」と言い続けていたら、本当に出せました。

言い続けるだけでなく、言うたびに、それを実現するための〝努力の跡〟が増えていることも大事です。努力の跡が見えなければ、誰も真剣に聞いてくれません。自己申告で異動希望を出せる会社も増えていますが、そのためにどんな努力、勉強をしているかをアピールできなければ、それは希望ではなく、単なるわがまま。いくら言っても「キミには無理」と言われてしまうのがオチです。

◇人に相談する前に〝自分に〟相談してみよう

人事部への異動アピールや、上司への相談。苦手意識を持っている人は意外と多いようです。「自分のことを自慢しているようで、口幅《くちはば》ったい」とか。あるいは「ペアを組んでいる先輩とうまくいかないから替えてほしいんだけど、そんなこと言ったら協調性のないヤツと思われてしまうかも」とか。

相談することで、相手から自分がどう見られるか――ということを、必要以上に気にしてしまっているようです。

でも、自分の力を発揮できない部署や、相性のよくない人と組んで仕事をしていても、実績は残せません。結果、評価も上がらない。どちらを選ぶかはあなた自身の選択です。

評価が下がることを恐れて、自分の希望を胸にしまっておくのか。それとも、きちんと相談して、新しい環境で成果を上げるのか――。

後者を選ぶ場合も、それなりの覚悟は必要です。自分から望んで新しい環境に飛び込むのですから、そこできちんと成果を上げる覚悟が必要。「相談できない」という人は、まだその覚悟ができていないのかもしれません。

他人に相談する前に、まず自分自身に相談してみてください。

本当にそれが「したい」のか、そのために努力する覚悟があるのか。今のままでいることのメリット、デメリット。環境を変えることのメリット、デメリット。

自分が大事にしたいのは、一体どれなのか——。

自分に問いかけていない人、結構多い気がします。仕事がうまくいかない原因は自分の中にあるかもしれないのに、無自覚なまま上司に相談したり異動希望を出せば、やはりそれは「わがままな話」に聞こえてしまいます。

◇「わからない」と言えない人へ

わからないのに「教えて」と言えない人。どちらかというと男性に多い気がします。知りたいのに「知りたい」と言えないのは、したいのに「したい」と言えないのと同じ。一言聞けばすむことなのに、時間を無駄に費《つい》やして、結果、周囲に迷惑をかけたり、トラブルに巻き込んでしまったり。

これは新人研修でも言っていることですが、考えてもわからないことは、すみやかに聞くべきです。もちろん、自分で考えることはすごく大事。考えればわかることを聞いてはいけません。でも、例えば「これ、A社に届けて」と言われた時、「A社の誰に？」は、すかさず聞くべき。配属後、初めて「コピー、取ってきて」と言われた時、人知れずコピー機を探すのは時間の無駄です。

わからないことを「わからない」と言えるのは、ちゃんと自分を尊重している証拠です。自分は他に「わかる」ことがある、ちゃんと強みがある。だから、わからないことは「教えてほしい」と言える。

逆に言えば、自分を尊重できていないから「こんなことも知らないなんて、恥ずかしくて言えない」「知らないと言ったら評価が下がるかも」と思ってしまう。でも、わからないのに聞くこともできず、仕事を溜め込んでしまえば周囲にも迷惑をかけます。そうなれば、あなたへの評価は本当に下がってしまいます。

転職して新しい職場に出社した初日。わからないこと、疑問に思ったことをストレートに聞けるかどうかで、その後の仕事のしやすさ、溶け込みの速さはだいたい決まる気がします。

どんな人が来たのか、受け入れ側もドキドキしているはず。わからないことをどんどん聞いてくれれば、自分の持っているものを渡せるので緊張もほぐれます。その人にも質問しやすくなるし、会話のきっかけができるから、溶け込みも速い。

そもそも、何のために経験者採用をしているかといえば、自社にいないタイプの人材、自社にないノウハウや経験を持っている人が欲しいから。生《は》え抜《ぬ》きの社員と他社で経験を積んだ人、互いの強みを活かし合い、掛け合わせてこそチームとして強くなる。自分を正しくポジショニングできれば、わからないことも堂々と聞けるはずです。

◇SWOT分析のススメ

相手にあって自分にないものと、自分にあって相手にないもの。それを正しく理解することが『ＷＩＮ‐ＷＩＮ』の基本です。

自分にあって相手にないものを渡すことが、相手の『ＷＩＮ』になります。反対に、相手にあって自分にないものを渡してもらうことが、あなたの『ＷＩＮ』。『ＷＩＮ‐ＷＩＮ』のポイントを探るためにも、まずは自分自身の強み・弱みを正しく把握しておくことが大切です。


次のページに掲載した〈ＳＷＯＴ分析〉を使って、強みと弱み、チャンスと阻害要因を書き出してみましょう。相手についても同様にＳＷＯＴ分析してみてください（ＳＷＯＴ分析は、後章でもたびたび登場しますので、しっかり頭に入れておいてください）。

相手にも自分にも、それぞれいいところがあるはずです。それがわかれば、お互いを同じように尊重できるはず。症状別に処方箋を記してきた「言えない」の悩み——原因の根っこは、実は、すべてココにあります。

「SWOT分析」で、自分を正しくポジショニングする

強み・長所 Strength	弱み・短所 Weakness
1)	1)
2)	2)
3)	3)
4)	4)
5)	5)
6)	6)
7)	7)

目前のチャンス Opportunities	脅威・阻害要因 Threats
1)	1)
2)	2)
3)	3)
4)	4)
5)	5)
6)	6)
7)	7)

Column

強みと弱み、３つ以上挙げられますか？

SWOT分析は、主に顧客分析のツールとして使われてきた手法ですが、これは自己分析にも非常に有効です。


「強み・長所」「弱み・短所」の欄には、他の人よりできること・できないことではなく、自分のやりたい仕事にとって強み・弱みとなるものを挙げます。

「目前のチャンス」「脅威・阻害要因」にも、自分が仕事で使いこなしたいチャンスや、目指す仕事の障壁となっているものを挙げます。


いずれの項目にも3つ以上、できれば7つくらい挙げてみてください。

浅くても広い知識は強み、狭くても深い知識はやはり強みになります。「これは弱み」と決めつけず、強みとして活かせないか、どうすれば強みになるか考えてみましょう。

また、チャンスや阻害要因をきちんと整理しておけば、巡ってきたチャンスを意識してキャッチしたり、阻害要因も“動かせる壁”と前向きに考えてアクションを起こすことができます。

逆に、ここを正しくつかめていないと「報《むく》われない」「時代が悪い」「やっぱり言えない」「どうせ聞いてもらえない」と、愚痴や言い訳を増やす原因になってしまいます。

PART Ⅲ

言えない本当の理由はココにある！

「言えない」「言いにくい」の根っこにあるのは、「あの人に言っても、どうせわかってもらえない」「私なんかが言っても、聞いてもらえるはずがない」という気持ちです。「どうせ……」と思ってしまうのは、相手をきちんと尊重していないから。自分をきちんと尊重できていないと「私なんか……」となってしまいます。この2つを払拭できなければ、言えないし、ちゃんと聞いてもらうことはできません。

◆愚痴らず、妬《ねた》まず、欲張らず。相手も自分も〝絶対評価〟で尊重する

誰にでも弱みはあります。阻害要因も抱えています。でも、同じように誰にでも強みはあるし、チャンスもある。あるがままの自分をきちんと受け止め、本当に大事にしていれば、変なコンプレックスを抱くことも、自分を卑下《ひげ》することも、『ＷＩＮ』を手にするために相手を引きずりおろそうとする必要もありません。

自分と同じように相手のこともちゃんと評価・尊重できていれば、自分との違いを〝違い〟として認められるはず。

違いは〝差〟ではありません。同じモノサシで比べるから、違いが〝差〟に見える。違いを認識するために序列や上下を持ち込む必要はありません。

比べてしまうと「なんで俺だけ報われないんだ」という愚痴や、「アイツばっかりおいしい思いをして」という妬み、「どうせならアイツより少しでもたくさん」という欲が出る。同じモノサシで比べて「どっちが上？」と考えるのは、いわば相対評価。アサーティブなコミュニケーションに必要なのは絶対評価です。

それぞれの持ち物・持ち味のあるがままを認め、あるがままを並べて純粋に〝違い〟を認める。それがアサーティブ・コミュニケーションの基本スタンスです。

I am perfect as I am.
You are perfect as you are.

自分も相手も、それぞれ〝あるがまま〟でＯＫ。あなたが完璧になるために相手の完璧を邪魔する必要はないし、相手がどんなに完璧でも、あなたの完璧を阻害する要因にはなりません。

あるがままの姿は、一人ひとり違います。違っていいし、違うからいい。違うからこそ、相手になくて自分にあるものを『ＷＩＮ』として渡せるし、自分になくて相手にあるものを借りたり、もらうことができる。違いを正しく認識できていなければ『ＷＩＮ‐ＷＩＮ』の関係は築けません。「違っていいんだ」と思うことは、すごく大事です。

みんな、あるがまま、違っていい。でも、あるがままでいることは「何もしなくていい」ということではありません。

「今のままでいいや」と思ったら、今のままはキープできません。したいことができるようになるには、どうすればいいのか。言いたいことを言えるようになるには、どうしたらいいのか。自分で考えて「前に進もう」「自分を伸ばそう」としなければサビついてしまうし、放っておくと、どんどん後退してしまいます。

自分も相手も同じように尊重し、同じように大事にしていれば、愚痴ったり、妬んだり、欲の皮を張ることもない。だから、すがすがしい。

認めるべきところはきちんと認めているから、耳に痛いことを伝えてもすがすがしく聞いてもらえるし、言った自分にも言われた相手にもフラストレーションが残らない。それがアサーティブ・コミュニケーションの効用であり、極意です。

◇絶対評価でニュートラルに受け止める秘訣

まず、先ほど紹介したＳＷＯＴ分析で自分の強みをたくさん見つけ、自信を持つことが大切です。同じようにＳＷＯＴ分析で、相手のいいところもたくさん見つけましょう。いいところを見つけるには、それなりの努力とトレーニングが必要です。

私のオススメは「１日ひと褒め運動」。

会社勤めをしていた頃、私が上司と一緒にやっていた、いわば自主トレです。

毎日、顔を合わせたら必ず１つ、相手のいいところを見つけて褒める。昨日と違うポイントを探して褒める。単に「素敵ですね」「似合いますね」ではなく、どう素敵なのか、どう似合っているのか具体的に伝えることが大切です。

これをやると、褒めるために相手を観察する〞目〝も鍛えられるし、相手が褒められて一番嬉しいポイントを探すために、相手の気持ちを理解しようと〞耳〝も鍛えられる。鍛えられた目と耳は、お客様との会話にも活きます。相手にプラスを表すトレーニングだから、やっていて気持ちがいい――これも「1日ひと褒め運動」の効用です。

人間は、人を褒めることより、なぜか〞粗探し〝のほうが上手《じょうず》。粗探しをしてしまうのは、嫉妬《しっと》心があるから。心のギアをニュートラルに保つには、自分の嫉妬のスイッチがどこにあるのか、つかんでおくことも大切です。SWOT分析の「弱み」欄に、それを挙げておくといいかもしれません。

そうすれば、スイッチが入った時、「そうそう、ココが私の弱いところ」と認識できます。妬ましい相手ではなく、そう感じている自分のほうに目を向けることができれば、「こんなことで悶々《もんもん》としているより、自分を磨こう」と思えるのではないでしょうか。

もちろん、思い切り嫉妬して、トコトン発散するのも一つの手。自覚してやっていれば、それもアリです。「嫉妬しちゃいけない」「悪口なんか言っちゃいけない」と、自分の気持ちに無理やりフタをしてしまうと、逆にいつまでもモヤモヤをくすぶらせてしまう原因になります。何事も、中途半端はいけません。

相手に対しても同様。「年下の上司、年上の部下」の項（45ページ）に記した通り、相手にきちんとマイナスを表せないと、相手のプラスもきちんと評価できません。

直してほしいことを「直して」と言えないからストレスを感じる。でも、ちゃんと伝えてないから、いつまでたっても直してもらえない。

「直して」の一言を伝えられないまま不満ばかりがふくらんで、結果、相手のいいところも必要以上に割り引いて評価してしまう――。「言えない」「言いにくい」の症状を中途半端に引きずっていては、いい関係は築けません。

「ありがとう」も思い切り。「困るんです」も思い切り。――どちらも同じように、声に出して伝えましょう。

◇〝万人に好かれる〟ことがゴールではありません

クライアントや上司、同僚や後輩――。みんな、あなたの大事な仕事相手です。両者が『WIN・WIN』になれるポイントを探し、仕事相手の一人ひとりと、きちんと握手できる関係を築きましょう。

誰に対してもアサーティブに接し、態度がブレないことはとても大事なこと。でも、これは〝八方美人《はっぽう》になる〟という意味ではありません。

「あまり好きじゃないけど、この人にも評価されたい」とか「いい人だと思われたい」とか。あっちの人も立て、こっちの人も立て、しかも万人からプラス評価をもらいたいなんて、欲張りすぎです。

欲張って八方の頼みを引き受け、一番大事な人の窮地に手を貸せないということになってしまっては本末転倒。敵をつくる必要はありませんが、八方の顔色を窺ったり、むやみにチヤホヤする必要もないはずです。

自分にとって一番大事な人は誰なのか――。一番大事にしたい人、一緒に仕事をしたい相手を選ぶのは、あなた自身です。

きちんと優先順位を持っていないと、大事な人から選んでもらえません。誰からも選ばれようとすると、誰からも選ばれません。

そもそも仕事の相手なのですから、パーソナルに好かれようとすると、おかしなことになってしまいます。例えば、クライアントとの関係。プライベートな付き合いに持ち込んで、取り入ろうとしたり。逆に、オフビジネスのプライベートな関係だったはずなのに、妙にモノを売りつけようとしたり。

もちろん、なかには仕事相手としても、パーソナルな友人としても大事にしたい人もいると思います。でも、万人に好かれ、万人と親密に――というのは、土台、無理な話。自分の気持ちを大事にしなければ、相手の気持ちも本当に大事にはできません。

第3章

「伝える」技術

伝わらない理由、
伝えるスキル

「言っているのに伝わらない！」を解消するカギ

【人】に【云《い》】う、と書いて【伝】える――。「言っているのに伝わらない」のは、云っているだけで、そこに【人＝相手】がいないから。

目の前にいる相手のことがちゃんと見えていなかったり、その人が〝聞ける〟ように言う努力をしていなかったり。〝相手のため〟に言えていないと、伝わりません。

相手のためにに言えていないということは、あなた自身のためにもなっていないということ。せっかく投げたボールを、誰にも受け止めてもらえていなかったり、正しく受け止めてもらえなかったり。だから、相手からもいいボールが返ってこない。

あなたの提案が報《むく》われない理由は、ここにあります。

ちゃんと受け止めてもらうには、メッセージを聞いてほしい〝相手のため〟の準備が必要です。例えば、大事なクライアントへの提案。いろいろ準備はしていくはずです。でも、その準備、〝自分のため〟の準備になっていませんか？

自分が言いたいことを、自分が言いやすいように。どの順番なら話しやすいか、とか。相手目線が足りないから、相手が受け止めやすいボール（言葉）を投げられない。

自分の投げたボールを相手に受け止めてもらえたかどうか、見届けていない人も結構います。大暴投になっていたり、相手が拾いきれないほどたくさんのボールを投げていたり。もしかするとデッドボールになっているかもしれないのに、気づいていない。

例えば、クライアントに新製品の特長を説明して、

「長くなってすみません。よかったらご検討ください。お忙しいところ、どうも」

これでは理解してもらえたかどうかわかりません。

「新製品の3つの特長、ご理解いただけましたでしょうか？　ご質問はありませんか？」

一言、確認するだけ。それだけでボールの行方を追うことができます。

メッセージを届けたい相手のために、どんな準備をすればいいのか。伝え方をどう工夫すれば、ちゃんと届くのか。本章では、正しい相手目線のポイントをご紹介します。

強すぎても、弱すぎても伝わらない

「ちゃんと伝わらない」「話を聞いてもらえない」という人には、大きく2タイプあります。ボールが強すぎて、拾ってもらえていない人。逆に弱すぎて、届いていない人。強すぎるのが「アグレッシブ」、弱すぎるのが「パッシブ」です。

アグレッシブは、攻撃的。言いたいことは何でも言うし、誰にでもストレートパンチ。例えば、同僚からの頼み。無下《むげ》に断ってしまうから「もう、キミには頼まないよ」と、人が離れていってしまう。ミスを指摘する時も、言っていることは正論なのに反発されて、ちゃんと聞いてもらえない。会議で反対意見を伝えた時も同様です。

パッシブは、押しが弱くて受身的。仕事の依頼を断りたいのに、まわりくどくなってしまうから「で、結局、やれるの？　やれないの？」と言われてしまったり。仕事を頼む時も、はっきり言えなくて、「要するに、何をしてほしいの？」と突っ込まれたり。営業先でも、クライアントに言いくるめられて、交渉になかなか勝てない――。

あなたは、どちらのタイプですか？

◆何を言っても一刀両断。「だいたい」「そもそも」が口癖のアグレッシブな人

「今日こそはアイツにガツンと言ってやったよ」「こういうことはハッキリ言っておかないと、あとあと困るから。これでスッキリしたよ」と、満足げな人。

自分では、思い切り言ったつもり。でも、相手には全然届いていません。届いていないのは、相手が耳をふさいでいたり、あなたの言葉のトゲに反応して、肝心のメッセージを聞いていないからです。

「今日こそは」という話を聞かされた人も、内心は「この人、またやっちゃったんだ」と思っています。「ホントに言えたの？（実は言ってないんじゃない？）」と疑っているかもしれません。

ガツンと言ってやった〝アイツ〟にも、それを報告した相手にも聞いてもらえていない、ダブルで残念なケースです。

あなたのメッセージを伝えるために、相手を叩きのめす必要はありません。普段からきちんと言えていれば、「今日こそは」と、戦闘モードになる必要もないはずです。

あなたのメッセージを、ちゃんと相手に聞いてもらうには、

①褒《ほ》めたり、感謝したり。日頃から、たくさんプラスの気持ちを表すこと。
②言う前に、言うメリットとデメリットを考えてみること。
③言う時は、相手を全否定しないこと。
④「だいたい」「そもそも」「いつも」と、過去の話を持ち出さないこと。
⑤〝言う〟以上に、相手の話や言い分をよく〝聞く〟こと。

あなたの『NO』をきちんと受け止めてもらうには、それ以上にたくさんの『YES』を渡すことが大事です。

相手の話を本気で聞いていないと『YES』は渡せません。相手の話を聞いて、相手のキーワードをたくさん拾って、それを使ってメッセージを届けましょう。

反対意見を伝える時も、いきなり、

「それは違うよ」「そうじゃなくて」「そんなことより……」と、相手の話を斬り捨ててはいけません。まずは相手の意見に賛成・共感できるポイントを、相手の言葉を使って伝えること。その上で、今、議題となっているポイントについてのみ、事実ベースで、ニュートラルに反対意見を述べます。

「キミの話はだいたい」「そもそも」「いつも」と、相手を全否定してはいけません。相手や相手の意見を否定するのではなく、別の視点や考え方を提示することで相手に〝メリットを渡す〟ことが、反対意見のゴールです。

言いたいことがある時は、今・ここで・このメッセージを伝えることが〝相手にとって〟どんなメリットがあるか、考えてみてください。

「アイツのためを思って言ってやるんだ」では、聞いてもらえません。

相手が聞きたいと思えるメッセージになっているか、どうすれば聞きたいと思ってもらえるかを、考えてみましょう。

「そんなイベント、日程的に無理に決まってる」ではなく、

「イベントを成功させるには、無理のない日程で進められるよう再調整が必要だと思う」。

断定するのではなく、「私は〜」という〝I〟で始まるメッセージ（I《アイ》メッセージ）で伝えることが大切です。

あなたの反論に対する、相手の再反論も、まずはプラスの言葉でしっかり受け止めること。
「なるほど、そういう考えもあるよね」「コストの問題は、僕も重要だと思います」

相手を叩きのめしても、確かな『YES』はもらえません。あなたのゴールは、相手から気持ちよく『YES』をもらって、自分の仕事を前に進めること。相手が気持ちよく『YES』を渡せるように、目線を変え、ひと手間かけて伝えましょう。

◇正論は正論でOK。相手が「試したい」と思う伝え方をすること

言っていることは正論なのに、なぜか反感を買ってしまう——という人もいます。原因はいろいろです。聞いてもらうための準備が足りないケース。自論にこだわって、他の人の意見を聞いていないケース。

正論をかざしている本人が、それを実践できていないケースも少なくありません。実践できていれば、聞き手も「できそう」「真似してみよう」と思えますが、本人がやっていな

いのでは説得力がありません。

「世の中、正論じゃ動かない」という言われ方もしますが、正論は正論で尊重すべきだと私は思います。単なる理想論や机上論では困りますが、正しいことは正しいとニュートラルに受け止めるべき。そう受け止めてもらうには、やはり準備が必要です。

まず、正論のゴール（ＷＨＡＴ）と、それが必要な理由（ＷＨＹ）をしっかり共有できるように準備すること。相手が目指したいと思うゴール、目指したいと思える理由を示すことが大切です。

正論に近づく方法（ＨＯＷ）については、本人に考えてもらうか、相手が選べるよう選択肢を用意します。「こうやれ」は、ＮＧ。経験上それが一番合理的な方法だとわかっていたとしても、「ＨＯＷ」を押しつけると反発を招いてしまいます。

せっかく準備をしても、

「どうしてコレができないんだ」「なんで、こんなこともできないんだ！」

という投げかけ方をすれば、相手は正論を実践〝できない〟理由を考え始めます。正論に近づく努力をしてほしいのに、これでは相手はどんどん正論から遠のいてしまいます。

人間は感情の動物です。だからこそ、あなたの正論を「試してみたい」と思ってもらうことが大事。あるいは、正論から外《はず》れることは「やらないようにしたい」と思ってもらう。そうなって、初めて〝伝わった〟ことになります。

正論を実践すれば、相手にどんなメリットがあるのか。どうすれば、そこに近づけるのか。提案したり、一緒に考えたり。そういう会話にもっていくことが大切です。

◇何を言っても〝糠《ぬか》に釘〟。はっきりしないパッシブな人

なんだか妙に強い調子でものを言う人がいる一方で、「強く言うのは苦手」という人もいます。どちらかといえば、こちらのタイプのほうが多いかもしれません。

強く言う必要はありませんが、相手に伝わらないようでは困ります。前置きが長かったり、言い訳言葉が多かったり。〝遠回り〟しすぎてはいませんか？

「申し訳ないんですけど、○○していただければ嬉しいなぁ……なんて思ったりして。それでちょっとお願いに来たんですけど、やっぱり難しいですよね。いえ、あの、お忙しいのは重々承知ですので無理を言うつもりはありませんが、ご協力いただけると大変助かるので、そこのところ、どうかひとつ」

本人としては、精一杯、相手のことを気遣《きづか》っているつもり。でも、こう言われたら相手は「……やらなくても、いいってこと？」と思うでしょう。「この人の話は長くて、何が言いたいのかわからない」とも思っているはずです。

本当に相手のことを気遣っているなら、短く、的確に話しましょう。相手の時間を無駄にしないこと。誤解を招かないように話すこと。内容が不明瞭な話は、決して〝丁寧〟ではありません。

前置き、言い訳、ちょっとした言葉のクッション——。必要な場面もあると思います。でも、そのボリュームが〝肝心の話〟よりも多くなってはいけません。伝えたいのは「○○をしてほしい」の一言なのに、長々と前置きしたり、山ほど言い訳したり、謝り倒したり——。肝心な話が埋もれてしまうから、伝わらない。

「えーと」「あのー」は、ぐっと飲み込みましょう。前置き、言い訳は1つに絞り、2度目の「すみません」も胸の中にしまっておく。そうすれば、肝心な話の輪郭がクリアになります。無駄な言葉を飲み込むことで、適度な〝間《ま》〟もできます。

間ができれば、相手の反応を見たり、質問をもらったり。双方向の会話にできれば、より伝わりやすくなります。うまく伝えられるかどうか心配なら、自分が言おうとしていることを書き出してみるといいと思います。

――言おうとしていること、多すぎませんか？　伝えるポイントを絞って、相手に言う前にリハーサルしてみましょう。練習しておけば、落ち着いて話せます。

前置きも、言い訳も、自分のためではなく〝相手のために〟渡してあげることが大切です。相手が振りかざした刀を収められるように、「それなら仕方がない」と思える理由を渡してあげる。あるいは、相手が上司に報告する時に使える道具を渡してあげる。

例えば、クライアントのリクエストに応えられなかった時。

「全国の支店、すべてあたりました。アメリカの支店にも問い合わせました。でも、該当商品の在庫はやはりゼロ。旧型はアメリカ支店に5点あったので、ご提供できます」

これなら、相手も自分の上司に「先方も八方手を尽くしたらしいんです。アメリカまで問い合わせてくれたらしいんですけど、やっぱり無理だったようです」と報告できます。旧型の使用法を示した提案までできれば、さらにビジネスチャンスは広がります。

ありがちなのは、何とか自分の立場を守ろうと、「僕はいいんですけど、うちの上司が……」と、誰かを悪者にしたり、「当社では、それはしないことになっているので」と、自分都合を盾《たて》にしていたり。どちらにしても、相手に〝選ばれない〟残念なパターン。言い訳のボリューム、誰のための言い訳か――。自分で、事前にしっかり確認しておきましょう。

伝える時の〝目線〟も大事です。相手の目を見て話さないと、「あなたに伝えたい」という意欲が相手に伝わりません。

相手の表情や反応も見えないから、ちゃんと伝わったかどうかもわからない。だから「聞いてもらえた」という実感が持てなくて、不安になる――。

「目を見て話すと緊張する」という人もいますが、目を見たほうが緊張しないものです。

自分の投げたボールが、相手に受け止めてもらえたかどうかを「見届けるのが怖い」のが、弱くて伝わらない人。相手に伝わったかどうかなんて「気にしちゃいない」のが、強すぎて聞いてもらえない人。

でも、ボールの行方をきちんと見届け、相手から戻ってきたボール（言葉）を使って話を進めないと、いつまでたっても『YES』はもらえません。

準備も、本番も、相手目線を正しくキープする――それが「伝わらない」の悩みを解消する最良のクスリです。

勝手な〝思い込み〟で言っていませんか？

相手に対する勝手な思い込み。これも〝伝わらない〟原因の一つです。

「この人って、多分こんなタイプ」「だからこう言ったら、こう思うに違いない」「そうなれば、きっと……」と、三手くらい先まで読んで、「やっぱり、言わないでおこう」――。

言わなければ、一生伝わりません。

◇自分の尺度や価値観で測ってはいけない

「この人に、こんなことを言っても、きっとわからない」「この話は難しいかも」。そう思い込んで、話を端折《はしょ》ったり、手取り足取り説明したり。でも、話せばわかってもらえたのに大事な情報を渡さなかったとなれば、あとあと問題になるかもしれません。すでによく知っている話を長々とされれば、相手はウンザリ。聞く気が失せてしまいます。

「こう言えば、きっと喜ぶはず」と勝手に信じて、的外《まと》れなプラスを渡している人もいます。

「今年の高額納税者リスト、見ましたよ。御社の社長の名前もありましたね」
（社長のことより、会社の業績が伸びていることを褒めてくれよ）
「さすが、お話がうまいですね」
（中身が肝心なんだけど。中身は伝わらなかったということ？）

普段から相手の話をちゃんと聞いていない、相手の大事なキーワードを拾えていないから、自分の尺度や価値観でキーワードを用意してしまう。的外れな褒め言葉は〝伝わらない〝だけでなく、相手から〝選ばれない〟原因にもなります。

営業場面での提案もしかり。「値段が安いほうが嬉《うれ》しいはず」とか、「たくさん入っているほうがオトクだと思うだろう」とか。でも、相手は「安いものは買わない主義」かもしれないし、「量はいらないんです。処分に困りますから」と思っているかもしれない。思い込みで提案しても、喜ばれないし、選ばれません。

相手に対する思い込みがあると、予想外の反応が返ってきた時にビックリしたり、まごついたり。そうした予想外の反応や相手の言葉を、ニュートラルに受け止めることもできなくなってしまいます。

例えば、相手は「Aです」と言っているのに、「きっとB」という思い込みがあると「Aのはずはない」「Aと言いつつ、本心はBに違いない」と思ってしまう。「これはいりません。遠慮していません」と言われているのに、「いやいや、遠慮しているはず」「きっと、欲しいと言えないんだわ」「もっと強く勧めてあげなくちゃ」とか。

勝手に三手先を読むのではなく、わからないこと、知らないことは、ちゃんと相手に確認しましょう。例えば「作業を効率化したい」という相手に、「(そうは言ってもコスト優先のはず) 効率も大事ですが、コスト面の課題をクリアするご提案をお持ちしました」——では、聞いてもらえません。

「効率化、大事ですよね。先週、コスト面の課題についてのお話がありましたが、コストと効率化、今回の企画で優先したいのはどちらですか?」

話をちゃんと聞いてもらうには、相手の物理的・精神的グッドタイミングを見計《みはか》らって伝えることも大事。これも「今はダメかも……」と、決めつけてはいけません。

「お問い合わせいただいた○○の件、資料をお持ちしました。ご説明したいので、会議後に10分いただけますか?」

「○○の件で、1点ご相談したいことがあります。3分いいですか?」

ポイントを絞って、単刀直入に。「今、ちょっと、お時間いいですか?」では、いけません。何のために、いつ、どれくらい時間が欲しいのか。ちゃんと〝予告〟しましょう。

この3点がクリアなら「今はちょっと手が離せないけど、その件は重要だから昼に時間をとってじっくり話そう」と、相手も判断してくれるはずです。「うちの上司は忙しくて、まともに話を聞いてくれない」「大事な話を伝えられない」というのは、もしかするとあなたの怠慢か、勝手な思い込みかもしれません。

◇ニュートラルに「訊く&聴く」技術

思い込みを解消するには、相手に〝訊く〟のが一番。「こんなことを訊くと、そんなこともわからないのかと思われそうで……」。相手からの評価を気にして確認を怠れば、結局、相手の期待値をクリアする仕事はできません。そうなれば「全然わかってない!」と、本当に評価を下げてしまうことになります。

「この仕事、進めていいですか?」「表紙は何色がいいですか?」

こうした確認の質問は、手短に、すみやかに。必要なら「3人体制で今週中に50社に営業する予定です」と、納期や目標値を添える。あるいは「ブルー、オレンジ、グリーンの3色をご用意できます」と、選択肢を渡す。

答えをもらったら「ありがとうございます」とプラスを表し、「仕事を進める上で注意すべき点があれば、聞かせてください」「色以外にご希望はありますか？」と、相手の意見を引き出す質問をしましょう。

答えをもらったら、必ず「ありがとう」を伝える——。これ、実はとても大事なポイントです。「ありがとう」は、相手に「この人に答えを渡してよかった」と思ってもらうための一言。もらった答えをしっかり仕事に活かせば「この人に情報（自分の考え）を渡せば、自分の仕事が前に進む」と思ってもらえます。

信頼してもらえれば、あなたも訊きやすくなるし、相手も積極的に情報提供してくれる——これはまさに『ＷＩＮ・ＷＩＮ』。たくさん質問して、たくさん「ありがとう」を渡せば『ＷＩＮ・ＷＩＮ』がどんどん広がります。

会話の中で相手のニーズや意見を引き出したい時は、相手が答えやすい組み立てにすることが大切です。

最初は『YES』『NO』や二者択一など、一言で簡単に答えられる質問。そこで引き出した相手のキーワードを軸に、〝しりとり話法〟で話を掘り下げていきます。

しりとり話法とは、相手の最後の単語を主語にして、質問していく方法。

例えば——

「先週はセミナーを開いたので、ちょっと忙しくて」

「どんな〝セミナー〟ですか?」

「新卒向けの採用セミナー。でも、なかなか数が集まらなくて」

「どれくらいの〝数〟を予定されていたんですか?」

「1万人くらい。でも、実際は全然。だから方法を変えて、もう一度やるつもり」

「前回はどんな〝方法〟だったのですか?」

相手の単語を使って質問すれば、あなたの頭にも、相手のキーワードがそのまま残ります。自分の言葉に置き換えて勝手に解釈したりしないから、思い込みも避けられる。相手のキーワードを使ってキャッチボールできれば、相手にも「ちゃんと聞いてもらえた」「共有できた」という納得感を持ってもらえます。

簡単そうですが、相手の話を本気で〝聴〟いていないと、このキャッチボールはできません。きちんと耳を傾けて〝聴く〟ことが大事。

自分の〝聞きたいこと〟で頭がいっぱいだと、そこに話を誘導したくなるもの。相手のニーズやキーワードを引き出すことが目的なのに、自分の興味のある話を引き出そうとしてしまう人は少なくありません。

自分が拾いたいキーワードで頭がいっぱいのうちは、相手の大事なキーワードは拾えないし、相手も〝言わされている〟気がしてしまいます。

自分が聞きたい話や期待したキーワードではなく、意外な話、新しいキーワードをいくつ拾えたかが、きちんと傾聴できたかどうかのバロメーター。意外な話や新しいキーワードは、あなたのメッセージを〝聞いてもらえる話〟にする貴重なヒントです。どれだけ深く、たくさん〝聴けた〟かで、あなたの話の〝伝わりやすさ〟も決まります。

Column

お客様からのクレーム、
本気で聴いていますか？

クレーム対応や、大失敗した時の謝罪。

「こちらの誠意がなかなか伝わらなくて……」

という声を、よく聞きます。

謝っているのに「ますます相手を怒らせてしまった」

とか、いくら説明しても「相手の怒りが収まらない」

「何度も同じ指摘をされる」とか。

世の中には、文句をつけることが生きがいの人もいます。でも、誠意が伝わらない一番の原因は、
あなたが相手の話をまともに聴いていないから。

口では謝っていても、内心は
「そんな些細《ささい》なこと」「仕方ないじゃないか」。
「すみません」「ごもっともです」
と相槌《あいづち》を打ちながら、次の言い訳を探していたり、
どうやって話を終わらせようかと考えていたり。
本気で聞いていないから、
相手も“伝わった”気がしない。
だから怒りが収まらない——。

誠意を伝えるのは難しいけれど、“聴いているフリ”は
簡単に伝わってしまいます。

「へぇー」で終わらせないアピール術

会議での提案、朝礼の3分スピーチ。

「黙って聞いてはくれるんだけど、イマイチ反応がなくて……」

あるいは、営業先での自己アピール。

「面白いネタを仕込んでいってるし、それなりに会話も弾《はず》むんだけど、なかなか自分のことを憶えてもらえない」

反応がない、憶えてもらえない――。これは、あなたのアピールが聞き手に届いていない証拠です。一番の原因は、そのストーリーの中に「自分がいる」と思ってもらえていないから。ドキッとしたり、ハッとしたり。相手がアクションを起こしたくなる話、動かなければと思う理由がないからです。

◇話の〝主役〟を間違えていませんか？

例えば「アメリカの企業が、こんな面白い取り組みをしています」という事例紹介。それだけなら「へぇー」と言われて終わりです。でも、

「この発想、うちの部署でも、こんな風に使えると思うんです」

という提案付きなら、上司も「じゃ、検討してみるか」と反応できます。「それは無理だよ」と言われるかもしれませんが、少なくとも無理な理由を考えるというアクションは起こしてもらえる。

『NO』の理由がわかれば、『YES』をもらうヒントがつかめます。

お客様に商品を勧める時も「これが今年の流行色です。かなり売れてます」では、これも「ふーん」で終わり。でも、

「先日お求めになったジャケットと合わせると、とてもお似合いだと思います」

と提案すれば、「じゃ、試着してみようかしら」と思ってもらえるかもしれません。

提案も自己アピールも、相手に〝動いて〟もらうためのメッセージ。相手にとってもら

いたい行動が、相手の目にもちゃんと浮かぶように伝えること。相手が「動きたい」「動こう」と思える話にして、当事者意識を持ってもらうことが大切です。

例えば、新規のお客様のところへ営業に行く時。オープニングの〝ツカミ〟として、あるいは会話の〝ツナギ〟に困らないよう、面白いネタやニュースな話題をたくさん仕込んでいく人、多いと思います。でも、それが、

「あなたには、ココが使えます」

「こうやって使えば、ココはきっとあなたの仕事に役立ちます」

という〝相手仕様〟の話にオチなければ、それこそ「へぇー」で終わり。「この人、面白いこと知ってるんだ」と思ってはもらえても、ビジネスにはつながりません。

たとえネタそのものは記憶に残ったとしても、「この話、誰から聞いたんだっけ？」。あなたの顔と名前が思い浮かばなければ、どんな提案をしても、いくらアピールしても「この仕事は、ぜひキミと」と、選んではもらえません。

初対面の人との緊張する会話。ツカミやツナギが欲しいという気持ちもわかりますが、肝心の提案につながらない話は、相手の時間を無駄にしているようなものです。

用意すべきは、提案の導入、あるいは裏づけとなるネタや話題。でも、それは、あくまでも提案のバックグラウンド。バックグラウンドが話の〝主役〟になってはいけません。

例えば「A社の○○さん、知ってます」という話も、それだけなら「へぇー」。知っているという事実が主役になってしまいます。でも、

「ご紹介したいので、一席もうけませんか?」

と言われたら、相手も身を乗り出します。3人で会って、仕事につながる話をする——というのが、あなたの提案であり、相手のメリット。あなたが相手にとってもらいたい行動も、アクションを起こす〝相手の理由〟も見えます。

◆〝自慢話〟と〝自己アピール〟は違う!

「自分のことを自慢するようで、自己アピールは苦手」「そもそも、人に自慢できるようなセールスポイントもないし……」。そう感じてしまうのは、多分、アピールのゴールを間違えているから。アピールする場面で〝自慢〟してはいけません。

自分のすごいところを、相手にすごいと思ってもらおうと、していませんか？　だから、自慢話になってしまう。相手よりすごいところを見せようとすれば、逆に相手をおとしめているようで、言いにくくなるものです。

自慢と自己アピールは、目的が違います。

自慢は、自分の優越感を満たすための行為。自己アピールは〝相手のため〟にするもの。相手のために、自分にできることを伝えるメッセージです。

すごいことを言う必要はありません。大切なのは、相手にとっての「オリジナル感」。

――あなたに、この話をしたい。

――あなたのために、できることがある。

――私にしかできない、あなたのための提案を聞いてほしい。

自分にとっての一番のセールスポイントではなく、相手になくて、自分にあるセールスポイントを、〝相手のために〟どう活かせるかを伝えるのが、自己アピールのゴールです。

ＭＢＡを持っていたとしても、それが相手の役に立たないものなら伝える必要はありません。わずか1年の経験でも、計算が速いとか、字がきれい、毎朝5時に起きているということでも、相手のために活かせることなら伝えてOK。堂々とアピールしましょう。

「恥ずかしながら○○一級の資格を持っておりまして」
「○○さんに比べたらまだまだ未熟ですが、私も一応、この分野で10年のキャリアがありまして……」

自慢話にならないよう言葉を選んでいるつもりかもしれませんが、ビジネスの場面で「私なんか」と卑下《ひげ》したり、「まだまだ力不足で」と謙遜《けんそん》するのは、相手に対してかえって失礼です。本当に「大したことない」と思っているなら、言うべきではありません。

「データ解析が得意です。最新の市場データを分析して、御社のマーケティングに活かせる企画をお持ちしました」
「新システムを使った効率化のご提案をしています。この1年で2社に導入していただき、1社は作業効率の4割アップ、もう1社はお客様への即日納品体制を実現しました。御社もロジスティックスの効率化に力を入れていると伺《うかが》っています」

単なる自慢話なら、自分のことさえわかっていればOK。でも、相手メリットを伝える自己アピールは、相手を知らなければできません。ちゃんと聞いてもらえる自己アピールにするには、相手目線の準備が必要です。

準備にどれだけ力を入れたかで、メッセージのオリジナル感に差が出ます。「そこまで調べて、考えてくれたんだ――」。あなたの相手目線の〝本気度〟は、相手にもちゃんと伝わります。「ならば、この人と」と、思ってもらえます。

「この人の話を、もっと聞いてみよう」と思ってもらうには、双方向の会話にすることも大事です。キャッチボールにならないアピールは、やはり「へぇー」で終わってしまいます。相手に喋《しゃべ》らせていないから、相手は「ふーん」とか「へぇー」しか言えない。

「アサーティブって、聞いたことありますか?」
「○○、使ったことありますか?」
「○○さんは、どう思いますか?」

アピールしながら質問もして、相手がどんなことに興味・関心を持っているのか、確認しながら話を進めましょう。

長い話は聞いてもらえません。相手のビジネスに役立つと思う強みを、1つ、ないしは2つに絞ってアピールしましょう。

背伸びをしてはいけません。等身大の実力――経験、実績、知識、スキルを〝事実〟で伝え、その裏づけとなるデータを示すこと。

聞いてもらって、握手して、終わりにしてはいけません。あなたが相手に関心があることを伝え、相手にもあなたに関心を持ってもらうことが自己アピールのゴールです。相手が関心を示してくれたら、その関心に即、応えること。相手目線でアクションを起こし、相手にもアクションを起こしてもらいましょう。

例えば、コスト削減の提案に関心を示してくれたら、

「早速、具体的なコスト削減のプランを3つ、作成します。明日中にメールでお送りしますので、ご確認いただけますか?」。

「今日中に確認してほしい」とか、「必要なデータを全部揃えてほしい」など、あまりハードルの高いアクションを要求してはいけません。「これならできる」「やりたい」と思ってもらえるよう、相手目線の〝相談ベース〟で聞きましょう。

正直な気持ちを上手に伝えるスキル

アサーティブ・コミュニケーションは、あなたの意見、アイディア、そして正直な〝気持ち〟を上手に伝えるための技術です。

感情も、伝えてＯＫ。ただし、感情だけを言葉にしても、正しく伝わりません。ビジネスコミュニケーションの表現としては、拙《つたな》い感じがします。

「すごく嬉しかった、○○だったから――」

なぜ、そう感じたのか。事実と感情を、セットで渡しましょう。

◇言ってはいけないこと、言ってはいけない場面

マイナスの感情は、本人も口にしづらいし、正しく伝わりにくいものです。マイナス感情は「Ｉ（私は）」で始まる文章で、相手を責めずに伝えることが大切。

「すごく残念です」「ビックリしました」

「困ります」「ガッカリしました」「もの足りないと思っています」

マイナスの感情を相手に投げつけても、建設的な展開は期待できません。

「あなたにはホントにいつもガッカリさせられるわ」ではなく、

「(今回の仕事の仕上がりに) ガッカリしました」。

「キミの態度、困りものだよね」ではなく、

「(お客様に失礼な態度をとられると) とても困ります」。

たとえ、それがあなたの正直な気持ちであったとしても、言われた相手がどうしていいかわからなくなるようなことは、言ってはいけないと思います。

言っても仕方がないこと、変えられないこと。今さらどうしようもない話、もう終わってしまったこと、戻れないこと。

例えば「新卒で、あの会社に入れていれば」とか、「僕もキミと同じくらい上司と気が合えば」とか、「あと1年早く異動できていれば」「結婚さえしていなければ……」。

相手を困らせる発言、言われたほうが重荷に感じるような (でも、何もしてあげられな

い）話もNGです。「へぇー」で終わってしまう話もいけないけれど、「・・・。」と相手を黙らせてしまう発言もよろしくありません。

本当にストレートで、素直な気持ちなら伝えてOK。でも、気持ちを口にする前に自問してみてください。「それ、本当に〝素直〟な気持ち？」。素直な気持ちのフリをして、実は素直な気持ちだけじゃないこと、結構ある気がします。

「私はコレがしたいです」「これができると嬉しいです」

と言いつつ、実は「どうしてアンタだけができるのよ。そんなの不公平よ」という妬《ねた》みを含んでいたり、「アナタにはやらせないわ」と、相手を邪魔する気持ちがあったり。

いくら構文的に正しくても、

「私はあなたの昇進が羨ましいです。私は昇進できなくてガッカリしました」というメッセージには、相手に居心地の悪い思いをさせたいという悪意も見え隠れします。

これは大人のビジネスコミュニケーション。無邪気な子供の会話ではないので、天真爛漫《てんしんらんまん》なだけではいけません。

「これを言ったら迷惑がかかる人はいない？」「受けなくてもいい痛手を受ける人はいない？」「ガッカリする人はいない？」。正しい配慮は必要です。

意図していなかったとしても、結果、誰かを傷つけていたり、その人の評価を下げるような発言は控えるべきです。例えば、本人がいないところで「Aさんにはガッカリしたわ」とか「ホントに困っているのよ」とか。それを言うなら、本人に直接。ガッカリした事実と、改善してほしいというメッセージをセットで伝えることが大切です。

マイナスの気持ちは、その時に、ちゃんと自分で整理をつけておきましょう。困ったこと、残念なこと、改善してほしいことを相手に伝える時は〝現行犯逮捕〟が基本です。「返すがえすも、あの時の失敗は痛かった」とか、「考えれば考えるほど腹が立つ」と、マイナスの感情を後生《ごしょう》大事に育ててはいけません。

ずいぶん時間が経ってから、「よくよく考えたら……」と、かさぶたを剝《は》がすようなメッセージをぶつけられても、相手は困惑するばかり。あなたが「言ってスッキリ！」するだけの発言は、マナー違反です。

第４章

相手を「知る」技術

相手のタイプをつかんで“相手目線”を磨く

◇誰にでも同じ伝え方では、伝わらない

伝えたい相手に、きちんとメッセージを届けて『ＹＥＳ』をもらう——。そのためには、正しく伝わるように〝話す〟スキルと、相手のことを〝知る〟スキルが必要です。

話すスキルがあれば、『ＹＥＳ』をもらえる確率は高くなります。でも、肝心の〝相手〟を理解できていなければ、その人にとってベストな伝え方を選ぶことはできません。

「あの人は（こう言えば）すぐわかってくれるのに、この人には伝わらない——」

その通り。誰にでも同じ伝え方をしていては、伝わりません。

第３章の「伝える」技術は、いわば自分サイドの伝える技術。本章では、メッセージを届けたい〝相手〟に目を向けてみたいと思います。

アグレッシブな人、パッシブな人。『ＹＥＳ』の条件を探す人、『ＮＯ』の理由を探す人。成果重視の人もいれば、人間関係が大事という人もいます。相手のタイプをつかんで、その人にちゃんと聞いてもらえる伝え方、その人が気持ちよく『ＹＥＳ』を渡せるコミュニケーションの方法を考えてみましょう。

アグレッシブな人とアサーティブに会話する

アグレッシブな人は、相手を叩きのめしても、自分の意見を通したい人。でも、相手がガンガン叩いてきたからといって、アグレッシブに応戦すれば話は紛糾するばかりです。かといって、逃げたり、避けたり、叩かれるがままでは、仕事は前に進みません。アグレッシブ・タイプの人は〝避雷針《ひらいしん》を見つけて雷を落とす〟ようなところもあるので、言われっ放しでは、格好のターゲットにされる危険もあります。

このタイプの人こそ、アサーティブに。受け止めるべきところは本気で受け止め、言うべきことはきちんと伝えましょう。

◇言葉のトゲを抜いて、言い換える

攻撃的な発言、否定的なコメント。相手の〝もの言い〟に腹を立てても始まりません。こんな時は、まず言葉のトゲを抜いて、言い換えてあげます。例えば、

「こんな会議、そもそも意味がないんだよね」と言われたら、「会議の目的を見直すタイミング、ということですね」。

「時間の無駄なんだよ」と言われたら、「もう少し効率アップできる、というご提案ですね」。

建設的なコメントに置き換えれば、話を前に進められるし、相手も攻撃しづらくなります。相手が振りかざした刀を、相手に代わって鞘《さや》に収めてあげましょう。

「だいたいキミは、いつもこうだから……」と個人攻撃された場合も、「(相手の所属である)営業部としては難しい、ということですね」とか、「お客様満足を第一に考えると○○が優先、ということでしょうか?」。

相手の言葉を、その人の〝職務〟として受け止め、言い換えてあげましょう。

◇余計な一言は聞き流す

アグレッシブな人は、「だいたい」「そもそも」「結局」「いつも」が口癖。ただ、これは枕詞《まくらことば》のようなもので、そこにあまり深い意味はありません。

こんな口癖は、さらりと聞き流すのが一番です。「この人は一言余計」と思ったら、その一言は聞き流す。「三言《みこと》くらい余計」と思ったら、それは聞かなかったことにする。相手の口癖リストを頭に入れておけば、いちいち腹を立てずに話を聞けます。

余計な言葉は上手にやり過ごして、その〝あと〟の話を聞きましょう。

「その一言が余計なんだよ」「だいたい部長は〝だいたい〟が多いんですよ」と指摘しても無駄です。言われて直せる人なら、余計なことは言いません。

余計な言葉や話が頭にひっかかると、どうやって殴り返してやろうかと、それこそ余計なことを考えて、相手の話を聞けなくなってしまいます。

「傾聴」は大切。本気の傾聴はアサーティブ・コミュニケーションの基本の一つです。でも、トゲのある言葉まで全部拾っていると、神経が参ってしまいます。そんなところでエネルギーを使って、大事な話を聞き逃してしまってはいけません。

◇「職務」としての関係で相手をとらえる

人間は感情の動物ですから、好き嫌いはあってＯＫ。でも、仕事上の人間関係は、嫌いだからといって逃げてばかりもいられません。「アグレッシブな人は苦手」「こんな人とは付き合いたくない」と思ったら、その人との〝仕事のつながり〟を書き出してみましょう。

例えば、「私が作った商品を、お客様に届けてくれる人」。あるいは「私の仕事に必要なデータを集計してくれる人」。相手が上司であれば、「自分の仕事を評価してくれる人」「私の提案を、役員会に上げてくれる人」。

自分の仕事に必要な人、この部分で大事な人。相手の存在を〝職務〟でとらえ、純粋な仕事相手として受け止めれば、必要以上に感情移入しないですむはずです。

その人とコミュニケーションを図《はか》るのは、自分に必要な仕事を、相手に気持ちよくやってもらうため。そう考えれば、スッキリしませんか?


「自分の足りないところを指摘してくる人」「自分にできないことができる人」。こういう相手に苦手意識を持ってしまうケースも少なくありません。コンプレックスがあるから、相手を遠ざけてしまう。でも、仕事軸でとらえれば、これも「足りないものに気づかせてくれる人」であり、「できないことを教えてくれる人」。自分のステップアップに必要な人と考えれば、遠ざける必要はないはずです。

個人的に仲良くなれたら、それは〝プラスα《アルファ》〟。そこをゴールにしてしまうと、仲良くなれないことがストレスになって「苦手」と思ってしまう。

ビジネスのために一緒にいるのですから、そこはビジネスライクに。自分との位置関係を正しく認識できれば、相手に渡すべきメリットも見えてきます。

◇アグレッシブな人は、くすぐられ弱い？

アグレッシブな人は、あなた以外の人からも「一言余計な人」「文句が多い人」と思われているはず。アグレッシブな人から「だからオマエは……」と叩かれたとしても、あなたに対する周囲の評価が暴落することはありません。

逆に、アグレッシブなコメントにうまく対応できれば「こっちのほうが一枚上手《うわて》」と、株が上がります。アサーティブに、一枚上手を目指しましょう。

アグレッシブな人は、実は、あまり褒《ほ》められたことがない人。褒めたり、認めたりしてもらえていないから、ますます余計なことを言ってしまう。

こういうタイプは〝殴られ強い〟けれど、意外と〝くすぐられ弱い〟もの。本人が気に

Column

“アグレッシブ”と“パッシブ”を
メールで見分ける方法

アグレッシブな人は、メールでもわかります。

例えば、仕事を依頼するメール。

「難しければご連絡ください」と一言添えるのが、
アサーティブ。でも、
アグレッシブな人は、「○○してください。以上」。

アグレッシブな人は、相手の都合も聞かずに急に頼んで「△日必着」。もらったメールへの返信は遅いのに、自分が頼んだ時は矢のように催促をしたり。

すべてのメールに重要マーク、どんなメールにも至急マーク。これもアグレッシブです。

「○○の理由で、それまでのお返事は無理です。1週間後にお返事します」「次からは、もう少し余裕をみてください」と、相手が示した期日の前に、伝えましょう。


逆に、パッシブな人は「お忙しいところ本当に申し訳ありませんが、△日までにお返事をいただけると幸いです。大変お手数ですが、何卒《なにとぞ》、何卒……」。

謝り倒しているわりに、やはり「難しければご連絡ください」の一言がない。

また、決断を相手に委《ゆだ》ねて、メールでのやりとりがエンドレスになるのもパッシブの特徴。仕事に差し支える場合は、電話や口頭で確認しましょう。

しているところをちゃんと認めて、褒めてあげるとすごく喜んでくれたりします。ちゃんと話を聞いて、ポイントをつかんで、褒めてあげましょう。そうすれば、相手もちゃんと動いてくれます。

パッシブな人をアサーティブに動かす

「こんなこと言ったら困る人がいるかも」「あの人は、どう思うかしら……」。誰かに迷惑をかけることを恐れて〝決められない〟のがパッシブ・タイプ。でも、仕事に必要な『YES』『NO』は、きちんと渡してもらうことが大事です。

迷惑を気にしているパッシブ・タイプには、「ハッキリ言ってもらったほうが嬉《うれ》しい」「ハッキリ言ってもらわないと困る（言ってもらえないほうが迷惑）」ということを伝えましょう。相手が答えやすいよう、あるいは決めやすいように選択肢を渡すなど、投げかけ方を工夫することも大切です。

◇言い換えのワザを使って『YES』をもらう

『YES』なのか、『NO』なのか。判然としないのがパッシブな人の返事。「ダメと言われたわけじゃないし、きっと『YES』だろう」と、勝手に解釈して話を進めると、「いや、そういうつもりじゃなかったんだけど……」ということになりかねません。

「○○ということですか？」「○○ということで、いいですね？」

〝言い換え〟のワザは、パッシブな人にも有効です。アグレッシブな人の時は、言葉のトゲを抜く言い換え。パッシブな人には、話のポイントをクリアにする言い換え。

賛成・反対の決《けつ》を採る時に「特に」「どちらでも……」と言われたら、

「では、賛成ということでいいですね？」。

「僕はいいんだけど、部長が……」と言われたら、

「部長がOKだったら進めていいですね」。

「部長が」とか「日程的に」と、条件を付けてくる人もいます。でも『YES』の条件を挙げてもらえれば、話は簡単。それをクリアする方法を提示しましょう。

問題は、心情的には『ＮＯ』なのに、それが言えなくてアレコレ条件を付けてくるケース。そういう場合は、

「では、今回は難しいということですね？」

必ず最後は、相手の『ＹＥＳ』で会話を締めくくることが大事。ただし、

「要するに、今回はできないってこと？　ね、そういうことでしょ」

と、責めるような口調で言うと、相手は『ＹＥＳ』と言いにくくなってしまいます。

「あなたができないのなら、他をあたります。今回は無理、という理解でいいですか？」

理由を添えて、ニュートラルな口調で。相手が『ＹＥＳ』を渡しやすいように投げかけましょう。

◇〝説明〟を求める質問で、意見を引き出す

『ＹＥＳ』『ＮＯ』ではなく、相手の意見が聞きたい場合は、可能な限り〝予告〟して、準備の時間を渡しましょう。

「明日、企画会議を開きます。３案くらい、考えておいてください」

「賛成の意見と反対の意見、両方出しておいて」

パッシブな人は、個人的な意見を表明することが苦手です。「賛成意見と反対意見の両方を」と投げかけると、答えてもらいやすくなります。会議の席でも、「コストと効率、どちらを優先したいですか?」ではなく、「コストの面ではどうですか?」「じゃ、納期の面はどうでしょう」「お客様満足という観点では?」と、いろいろな角度から、プラスもマイナスも答えられるように質問するのがポイントです。

パッシブな人にも、意見はあります。自分の意見・見解を表明することは苦手でも、〝説明〟はできます。

「やりますか? やめておきますか?」「やりたい? やりたくない?」という投げかけには曖昧《あいまい》な返事しか返ってきませんが、「実行した場合の懸念事項」「実行しない場合のデメリット」なら、語ってくれる。両方を聞いて、答えのボリュームを比べれば、その人の気持ちが量《はか》れます。

どちらか雄弁に語っているほうが、その人の本音に近い意見。そこをしっかりとらえて、

「お聞きしていたら、やはり今回はやめておいたほうがよさそうですね」
「クリアすべき課題も見えました。対策をしっかり考えつつ、やってみましょう」
最後は、やはり相手の『ＹＥＳ』で会話を締めくくることが大切です。

これは、クライアントの意向をつかむ時にも有効な方法です。例えば、あなたが提案した企画を採用するかどうかを、クライアントが決めかねている場合。「採用した場合の懸念事項」と「採用しなかった場合のデメリット」の両方を聞いてみましょう。雄弁に語っているほうに相手の気持ちは傾いています。

すでに検討の最終段階で、相手の気持ちが『ＮＯ』に傾いているのであれば、ゴリ押しは禁物です。『ＮＯ』の理由を雄弁に語ってくれたということは、次の企画に『ＹＥＳ』をもらうヒントをたくさんもらったということ。それを活かして新しい企画を提案するほうがアサーティブ。〝明日も握手できる〟関係を築けます。

◇会話を増やす〝間〟の極意

物静かな人。声が小さくて、言葉数が少ない人。そういう人に、あまりキリリと、すがすがしく語りかけても「この人、苦手……」と思われてしまいがち。苦手意識を持たれると、ますます相手の言葉を引き出しにくくなります。

少しトーンを抑えて、ゆっくりと。トーンやペースを相手と揃えて、きちんと〝間《ま》〟を取ってあげることが大切です。

質問したのに、なかなか相手が口を開かない場合。

「○○ですか？　アレ、違うのかな。じゃ、△△？　あ、もしかすると□□？？」

あなたがたたみかけると、相手はますます黙ってしまいます。ちゃんと間を取って、答えを待つこと。たたみかけるように、一方的にまくしたてるアグレッシブ・タイプに対しても、同様。相手が喋り終わったら、間を取って、クールダウンしてあげましょう。

「話を聞いてもらえない」という人の多くは、会話の〝間〟を潰《つぶ》してしまっています。聞いてもらえてないと思うから「もっと言わなきゃ」と焦《あせ》ったり、相手が聞いてないと思うから「聞くまで言うぞ」と意気込んでしまったり。そうやって間を潰してしまうから、ますます聞いてもらえない。

間合い——私はかなり辛抱強く入れています。

投げかけたら「1秒、2秒、3秒——」と、頭の中でカウントします。研修の場合は人数も多く、なかにはメモを取っている人もいるので、会場を見渡し、何人かとちゃんと目を合わせながら、少し長めにカウントします。

1対1の会話では、相手のセリフの「。」を聞きます。当然と思うかもしれませんが、多くの人は、相手の「、」や「……」で話を引き取ってしまっています。

「あぁ、なるほど。よくわかました。それについては……」。

相手は話の腰を折られて、ガッカリ。「この人は僕の話を聞いてくれていない」と思うと、あなたの話も聞く気になれません。

沈黙が怖くて間を潰してしまう人。話を早く進めようと焦るあまり、間を潰してしまっている人。なかには、頭の回転が速いとか〝一聞いて十わかる人〟と思われたくて、間髪入れずに言葉を返している人もいます。

でも、一聞いて十わかるなんて、ありえません。多分、ほとんどが誤解です。

話を最後までちゃんと聞いて、話し終わったあとの〝間〟で考えること。聞きながら考えようとするから、相手の言葉を拾えない。聞き終えてから考えるくらいが、本当の〝聞きながら考える〟スピードです。

〝ちゃんと聞く〟のは、想像以上に難しいものです。研修で傾聴のトレーニングをすると、「これは知っている話だから聞けたけど、知らない話だったらここまで聞けないかも」という人が、結構います。

でも、本当は逆。知らない話、わからない話のほうが聞けるもの。

知っている話は、「あぁ、アレね。わかる、わかる」。そう思った瞬間、自分の知っている話を引っ張りだして、相手の言葉を拾っていません。知っている話ほど要注意です。

Column

タイプに応じて伝え方を工夫しよう①

相手のタイプによって、配慮すべきポイントや伝え方のコツがあります。

本文で紹介した、「パッシブ」「アグレッシブ」もタイプ分けの方法の一つ。


この他に、『ＹＥＳ』『ＮＯ』の判断の仕方によっても、大きく2つのタイプに分けられます。

『ＹＥＳ』の条件を探すタイプと、

『ＮＯ』の理由を探すタイプです。

例えば、自分にはちょっとハードルの高い仕事を与えられた時。

「どうすればできるだろう?」と考えるのが、前者。

「無理、無理。どうしたらうまく断れるだろう」と
考えてしまうのが、後者。

前者の場合は「データは揃っています」「参考事例があります」など、『ＹＥＳ』の条件をクリアし、可能性を見せてあげると「頑張ろう」と思ってもらえます。

後者の場合は「部長の了解も取ってあります」「時間は十分あります」と、不安材料を取り除き、『ＮＯ』の理由を払拭《ふっしょく》してあげれば、動き出せます。

仕事を頼んだ時に、どちらを多く挙げるかで、
タイプがわかります。

（次ページに続く）

タイプに応じて伝え方を工夫しよう②

『Yes』『No』の判断の仕方（前ページ）に加えて、モチベーションの持ち方によっても4つのタイプに分けることができます。
『成果』を重視するタイプか、『プロセス』を大事にするタイプか。『理論』で動く人か、『感性』で動く人か。
左にまとめたマトリクスを参考に、タイプごとの“動かすコツ”をつかんでおきましょう。

♣石橋を叩いて渡る『ふくろう』タイプに、「面白いと思うんです」は通用しません。必要なデータや資料をしっかり揃え、相手が検討するための時間も十分に渡しましょう。

◆メリット重視の『ライオン』タイプには、要点を絞って、論理的に伝えましょう。メリット・デメリットの両方がクリアなら、判断は速いはずです。

♠面白い！ 新しい！ が『さる』タイプを動かすカギ。安全確実な提案には乗ってきません。細かいデータは不要。夢やビジョンを共有できるような伝え方をしましょう。

♥周囲との調和を重視する『ひつじ』タイプには、安心材料が必要。「こうすればできる」の方法論や前例、他の人も了解済みだということを伝えましょう。

Column

モチベーション・タイプの4分類

理論派

プロセス重視

成果重視

感性派

「ふくろう」タイプ

冷静な分析家。何よりデータを重視する。「その根拠は？」が口癖で、リスクを避けたがるタイプ。論理的で完璧主義。コツコツと計画的に、かつ慎重に物事を進めるタイプ。

「ライオン」タイプ

メリットの有無を冷静に見極める頭脳派。メリットがあると判断すれば、リスクを負うことも恐れない。自主的で率直。仕事が早く、決断力のあるリーダー・タイプ。

「ひつじ」タイプ

何をするにも周囲との和を重んじるタイプ。新しいことには及び腰で、リスクも“みんなで”負いたいタイプ。忍耐強く協力的。仕事は丁寧。地道に一生懸命やってくれる。

「さる」タイプ

斬新で夢のある提案が大好き。前例がなくても「イケそう！」と感じたら勝負に出る。社交的で行動的。リスクをあまり考えないタイプ。やる気になれば熱心に取り組む。

相手の〝目指したい姿〟をつかむ

「自分の目指したい姿、仕事の仕方や強みを、3つの単語で表現してみてください」

アサーティブ研修でも、受講者の皆さんに伺《うかが》っています。

私の場合は「スピード、親切、一生懸命」。大きな会社ではないので、1年がかりのプロジェクトでは他社に勝てないかもしれませんが、「3日で」と言われたら〝一番早く〟を目指します。早く返事をする、早く企画書を出せる。そこに自分の強みがあると思っています。さらに「そこまでやってくれたか」という、ちょっとした親切や〝プラスα〟。

一生懸命というのは、手を抜かないということ。ポカはあるかもしれませんが、いつも全力投球。8割の力で流したことはありません。

人によっては「丁寧、安全、着実」かもしれないし、「独創、最新、ハイクオリティ」

という人もいると思います。目指したい姿、大事にしたいポイントは十人十色《じゅうにんといろ》。それをきちんと〝自覚〟していることが重要です。

例えば、お客様に提出する書類。きれいに仕上げたいけど、上司には『なるべく早く』と言われた――という時。「丁寧がモットーだけど、早く出して上司にも褒められたい……」とグズグズしていれば、中途半端なものしかできません。「今はスピード第一」と思えば、細かいところは目をつぶってでも、早く出すことに全力を尽くせます。

仕事は決断の連続。自分の優先順位がわからないと、正しい決断はできません。

◆違いを活かせば選ばれる！

仕事をしていく上で、自分は何を大事にしたいのか。相手にどう認められたいのか。自分なりの尺度を持っていることは、とても大事なことです。

これは〝相手〟に対しても同じです。相手が大事にしているポイント、目指したい姿をつかむことが相手目線の第一歩。相手が一番大事にしているポイントを大きくしてあげることが、相手メリットです。

自分の目指したい姿と、相手の目指したい姿が〝違う〟ことを認識しておくことも大事です。自分がスピードを重視しているからといって、相手にも同じスピードを求めてはいけません。時間をかけて凝《こ》りに凝った仕事の成果を、スピード重視の上司に渡しても評価してはもらえません。

単に〝相手に合わせる〟のではなく、相手メリットで考えて、動く。それが『WIN-WIN』の基本です。

違いはあっていいいし、そこはお互いにきちんと認め合うべき。ゆっくり丁寧な人がいるからこそ、手際のいい人のスピードが重宝されるし、逆にスピード勝負の人がいるからこそ、ゆっくり丁寧な人の仕事ぶりも際立つ。もし、全員がスピード重視なら、全員「そこそこ早い人」。誰も、スピードを売りにできません。

上司に「スピード第一」と言われたら、自分のモットーが「丁寧第一」でも、急いで仕事を仕上げましょう。でも、上司が「今回の企画は、多少時間がかかっても丁寧に仕上げたい」と考えているとしたら、あなたの丁寧な仕事ぶりを活かすチャンスです。

相手が常々大事にしているポイントと〝今のニーズ〟は、必ずしも同じではありません。話をよく聞いて、〝今のニーズ〟を見逃さないことが大切です。

クライアントに対しては、自分の強みをしっかりアピールして、強みの部分で相手に選んでもらうこと。あなたの売りが「高品質」で、相手が「今回は価格重視」なら、相手には価格の安い会社を選ぶ権利があります。

逆に「価格よりも品質が大事。だから、あなたと」と、選んでもらう。選ばれるために「何でもします。値引きもします」ということになれば、強みを活かせないばかりか、誰からも選ばれなくなってしまいます。

「毎回、選ばれよう」と思ってはいけません。「毎回、選ばれよう」と思う人は一度も選ばれません。

専門や売りを特化すると、選んでもらえるチャンスが減る――と考える人もいると思います。でも不思議なもので、何かに特化して自分の強みを磨いていると、どこからも選ばれるようになるものです。

「コレができる人なら、きっとアレもできるはず」「ココまでできるなら、アレも任せて大丈夫」という信頼。あるいは、自分とは違うから「学べることがありそうだ」という期待。自分をちゃんと尊重していれば、チャンスはきっと訪れます。

◆上司の〝3つの風船〟を上手にふくらますコツ

会議の質を高める上で重要な〝3つの風船〟――それは、創造性、活性化、そして効率。どれも、重要。どれも外《はず》してはいけないけれど、すべてを同じ大きさにふくらませることはできません。

会議の効率を追求すれば、創造性は下がります。活性化を追求すれば、時間がかかって効率は落ちるかもしれない。創造性の風船だけ100％ふくらませようとすると、収拾がつかなくなってしまいます。

会議の質を上げるには、3つの風船のバランスを考えることが大事。例えば、初参加の人が多い会議なら、「発言が出にくいかもしれない。効率や創造性より、まずはお互いのことを理解するために〝活性化〟を重視しよう」とか。大事なイベントを控えて、他にも仕事がたくさんあるなら、「創造性や活性化はほどほどにして、効率を重視しよう」とか。

会議のゴールに合わせて〝ふくらませ方〟のバランスを調整します。

――わかりやすい例として会議の話をしましたが、管理職としてチームを率《ひき》いる上司にも、仕事の質を高める上で外せない〝3つの風船〟があります。それは、クオリティ、成果、そして人間関係。

クオリティには、アウトプットの質・プロセスの質・正確さや創造性などが含まれます。成果は、数字・利益・効率。人間関係は、チームワークや風通しの良さ・配属の適材適所など。どれも外せないけれど、すべてを100％ふくらますこともできない。

どれを特に大きくしたいかは、上司によって、あるいはその人が今、置かれている状況によって異なります。

あなたは、あなたの上司が今、どの風船を一番ふくらませたいか、わかりますか？

上司は、あなたの大事な仕事相手。相性の良し悪しにかかわらず、きちんと『WIN』を渡してあげることが大切です。

3つの風船を、すべて大きくしてあげようと欲張ると、どれも中途半端になってしまいます。どれかを〝ゼロ〟にしてしまっても、いけません。その人が一番気にしている風船を、重点的に大きくしてあげられるよう、バランスを考えてみましょう。

どこを大きくアピールしてあげれば喜ぶかは、上司の優先順位によって異なります。「多少数字が落ちても、チームワークがよければ、結果はついてくる」という上司には、人間関係の風船。「来年度の予算を確保するためにも、今は仕事の質を高めたい」という人には、クオリティの風船。「まずは今月のノルマを達成したい」という人には、成果の風船を大きめにふくらませてあげましょう。

威張《いば》りたがりタイプの上司のなかには、目前の成果が気になって「売ってこい！」と声を張り上げてしまう人もいれば、自分が一国一城の主《あるじ》であることを部下にも認めてほしくて〝人間関係〟を気にしている人もいます。

世話焼きタイプの上司も、成果を気にして思わず口を出してしまう人や、仕事の質や進め方が気になって口を出す人など、いろいろいます。

人間関係の風船を大きくしてほしい上司には、部下との関係を大事にしている人と、自分の上司との関係を大事にしたい人がいて、やけに外面《そとづら》がよく、勝手に仕事を進めてくるタイプは後者。手柄横取りタイプも、これ。手柄横取りタイプの場合は、成果の風船もかなり気にしているはずです。

あなたの上司が世話焼きタイプなら、成果か質か、相手が重視している風船を大きくして、「相談に乗っていただけますか？」と頼ってあげましょう。

手柄横取りタイプには、「これ、次の部長会で報告してください」と公言して、手柄を余計に渡してあげましょう。横取りする人には、横取りされる前に手柄を渡す――。そうすれば、コソコソ横取りされて、嫌な思いをしなくてすみます。

あなた自身が気持ちよく仕事をして、かつ、きちんと評価をもらうためにも、上司が今一番ふくらませたい風船はどれなのか、しっかりつかんでおきましょう。

あなたが上司になれば、あなたも同じ〝3つの風船〟を持つことになります。部下に対しては、今、自分はどの風船が仕事上の最優先事項かを〝予告〟してあげましょう。予告すれば、相手は動きやすくなります。

「自分だけが上司にも部下にもしてあげるなんて、損！」と思うかもしれませんが、上にも下にも『WIN』を渡すことによって、あなたには上からも下からも『WIN』が返ってきます。部下にも、上司にも、気持ちよく『WIN』を渡して、あなたの仕事を前に進めましょう。

パッシブ、アグレッシブ――ところで、あなたは？

相手のタイプ別に、傾向と対策のヒントをご紹介してきました。今、あなたが一番気になっている相手、あるいは関係を改善したい相手のタイプはどれですか？　その人、本当に、そのタイプですか？

上司対策、クライアント対策、部下対策。「やってみたけど、うまくいかない」という時は、もしかすると相手のタイプを見誤っているのかもしれません。間違った処方箋《しょほうせん》を使って、症状を悪化させているケースもあります。

長く付き合っていると、相手に対するイメージが出来上がってしまい、相手の気持ちやニーズの変化に気づけないこともあります。

付き合いが浅いと、「こうは言っているけど、本当は――」という部分が見えていない可能性も大です。

小さくていい風船を一生懸命ふくらませても、上司からは「わかってないなぁ」と思われてしまいます。でも、本人は一生懸命やっているつもりだから、「やっても、やっても報《むく》われない」と感じてしまう。こうした行き違いは、もったいないと思います。

思い込み、憶測、早計。「わかったつもり」になってはいけません。相手の変化、つかもうとしているチャンス、目指したいもの。その人の窮地や阻害要因にも敏感になってあげることが大事です。

◆もしかして「パッシブ・アグレッシブ」!?

本章の冒頭で、アグレッシブな人、パッシブな人への対応術についてお話ししました。ところで、あなた自身はどうですか？

「私はパッシブ・タイプ」というあなた、
——パッシブと言いつつ、根っこは頑固ではないですか？
——「私もそれでいいわ」と言いつつ、本当は「違うのに……」と思っていませんか？
——「○○していただけると幸いです」と言いつつ、
「絶対、納期は守ってよね」と思っていませんか？
——すごく気を遣《つか》っているつもり。でも、
「私の気遣い、ちっとも届いてない……」と、内心怒ったりしていませんか？
それは、もしかすると「パッシブ・アグレッシブ」かもしれません。

逆もしかり。「俺は絶対アグレッシブ。だって、誰にでもハッキリものを言うし、上司だって怖くないし」というあなた、
——上司や同僚に強い言葉、トゲのある言葉を使ってしまうのは、
内心、すごく不安だからではないですか？
——会議などで、意見が合わない相手を思い切り叩きのめしてしまうのは、

もしかして自己防衛のためではありませんか？

これは「アグレッシブ・パッシブ」というより、「アグレッシブ・ディフェンシブ」。

見た目だけではわからないのは、相手も同じです。見た目はいかにもパッシブ。だけど、もしかすると根っこはすごくアグレッシブな人かもしれません。

「いいです、それで結構です」と言いつつ、本当は「絶対イヤ」と思っているかもしれない。自他ともに認める毒舌家《どくぜつか》のあの人は、実は根っこに不安を抱えていて、仕事以外の場面ではすごくパッシブな人かもしれません。

見た目で判断したり、わかったつもりになるのは危険です。

アグレッシブ・ディフェンシブな人には、本人が不安に思っているところ、自信のないところを、もう一度きちんと認めてあげましょう。不安が解消されれば、必要以上にトゲを出すこともなくなるはずです。

パッシブ・アグレッシブな人には「うまく言えないけど、本当はすごく言いたい」ことがありそう。もう一度、意見・考えを聞いてあげましょう。

このタイプには、自分の中に譲れないもの、許せないものがあることに気づいていないケースもあります。言いたいことがないのではなく、無意識のうちにそれを抑え、気づかないフリをしているだけ――。

あるいは、アグレッシブな発言をして痛い目に遭《あ》った経験があるとか、自分が「根っこはアグレッシブ」なことを知っていて、それをオブラートに包もうとして無理な我慢をしていたり。

アグレッシブ・ディフェンシブな人も、不安を周囲に見せないよう我慢しているだけかもしれません。どちらのタイプも、我慢強い人が陥りがちなパターンです。

もし、あなたがアグレッシブ・ディフェンシブ、あるいはパッシブ・アグレッシブなら、我慢しないでください。無理な我慢はどこかで爆発します。我慢強いことが悪いこととは思いませんが、しなくていい我慢をして「こんなに我慢しているのに」というのは自分勝手。あなたのためにも、周囲のためにもなりません。

「そんなことだったら、我慢しないで早く言ってくれたらよかったのに」ということもあるかもしれません。

「あそこで俺が我慢したから、あの場がうまく収まった」と思っていることも、実は我慢していなかったら、もっといい展開を生んでいたかもしれません。

そもそも、我慢しているということは、「何を」「なぜ」我慢しているのか、周囲にきちんと表明して、その要・不要を確認していないということ。もちろん、人を傷つけるような言葉や、誰かを陥《おとし》れるような発言、戻れない過去の話など〝言ってはいけない〟こともありますが、それ以外の意見・考えを、勝手に我慢して、言えないフラストレーションを一人で溜《た》め込むのは反則です。

◇伝える〝意欲〟を持ちましょう

「こんな不安を言葉にしたら、バカにされるかも」

「こんなことを言ったら、わがままなヤツと思われるかも」

アサーティブに、ニュートラルに伝えれば、そんな風に思われることはないはずです。相手に伝わるように話すスキルを磨きましょう。その努力をしないで〝言わない〟ことを選ぶのは、我慢ではなく怠慢《たいまん》だと思います。

伝える技術、相手を知る技術も大切ですが、何よりも大切なのは、伝える〝意欲〟を持つこと。伝える意欲がなければ、大事な仕事相手に『ＷＩＮ』を渡すことはできないし、だから相手からも『ＷＩＮ』を渡してもらえない。伝えなければ、報われません。

正しく伝えれば、ちゃんと伝わります。まずは、１人。明日、誰かに、あなたのメッセージを伝えてみましょう。伝えたい相手を思い浮かべて、リハーサルしてみましょう。

そのメッセージを伝えることで、相手にどんなメリットを渡せるか、伝えることで自分にどんなメリットがあるのか。

両方「ある！」とわかれば、伝える意欲を持てるはずです。

第5章

「Give & Take」から「Give & Given」へ

きちんと渡した『WIN』は、大きな『WIN』を連れて帰ってくる！

ビジネスは『GIVE＆TAKE』だと、思っていませんか？
それで本当にうまくいっていますか？

『TAKE』することを前提にした『GIVE』は見透《みす》かされてしまいます。
ビジネスだからこそ、『GIVE＆GIVEN』で――。もらうためにではなく、相手のために〝渡す〟という選択をする。相手目線で、しっかり相手にメリットを渡せば、相手も気持ちよく渡してくれます。

一見、持ち出しになっているようにも見えますが、きちんと渡した『WIN』は、大きな『WIN』を連れて帰ってきます。

◇情けは人の為《ため》ならず

「３０００万円くらいの取引になりそうだから、１５０万円くらい出しておけばいいか」

「１割値引きするんだから、１００ケースは買ってもらわないと」

バーター、先行投資、接待に、相互購買。みんな、相手から〝もらう〟ことを前提に、ソロバンを弾いています。だから相手も、

「１５０万円か……。じゃ、３０００万円でいいな」。

相手も同じようにソロバンを弾いて、上限が決まってしまいます。自分としては頑張って渡したつもりの１５０万円も、相手は当然の権利と思っているはず。

「だって、ギブ＆テイクなんだろ」――自分の『ＷＩＮ』ありきのシナリオは、見透かされてしまいます。

労力を惜しむのも、きちんと『ＷＩＮ』を渡していないのと同じです。

「安いほうしか買わないだろうから、この２つだけ見せておこう」とか、「提案に乗ってくるかどうかわからないから、パンフレットだけ渡しておこう」とか。

相手仕様の企画書を作ろうと思えば、それなりの手間も時間もかかります。プレゼン資

料の作成を外部のデザイナーに依頼すれば、お金もかかる。「でも、企画が通らなければ、持ち出しになって損するから」。出し惜しみをして、魅力のない提案になってしまえば、企画は通りません。

「あまりいろいろお勧めすると、悪いかも」と引いてしまって、ちゃんと〝渡してない〟ケースもあります。「すでにジャケットも、ワンピースもお買い上げ。ここでさらにコートをお持ちしたら、すごい額になってしまう――」。

提案できないのは、お金をいただこうと思っているから。でも、見せなければ商品の魅力は伝わらないし、買ってもらえません。

「このお客様に似合うものをお勧めしよう」「せっかくだからコートも羽織《はお》っていただこう」と考えて提案するほうが、相手メリット。お金をもらうことを考えなければ、「悪いかも」と思う必要もありません。

その場で「じゃ、このコートもいただくわ」と喜んでもらえれば、それはあなたにとっても、相手にとっても『ＷＩＮ-ＷＩＮ』。いろいろ見せてさしあげれば、今日は買わなくても、次回、買うかもしれません。

1回戦で元を取ろう、と思ってはいけません。「ここでたんまり儲《もう》けよう」とか、「少なくとも収支をトントンにしよう」とか。そう思ってゴリ押しすると、相手も引いてしまいます。焦《あせ》って懇願モードになれば、足元を見られます。

なかには『GIVE & TAKE』どころか、『TAKE&GIVE』になってしまっている人もいます。「おたくが買ってくださるなら、うちもそれなりのご用意はありますよ」。どちらが先に出すか、互いに相手の出方を待って、待って、待って……何も起きない。

相手メリットで気持ちよく渡せば、気持ちよく受け取ってもらえる。だから相手も気持ちよく渡してくれる。これが『GIVE & GIVEN』。情けは人の為ならず——です。大盤振る舞いする必要はありませんが、渡すなら早く、相手が思っているよりもちょっと多く。サプライズを渡せば、こちらがビックリするようなサプライズが返ってきます。

何を、どう渡すかは自分の選択です。もちろんビジネスですから、まったく希望や期待がないわけではないと思います。『TAKE』を前提にしていようが、していまいが、渡す額は同じかもしれません。

でも、言葉は人の気持ちを表すもの。『GIVE＆TAKE』で――と思っていると、相手も「これくらいの見返りは欲しいんだろうな」と、あなたの本音を察知します。でも、『GIVE＆GIVEN』で――と思っていれば、同じ額でも「この人は、私のことをちゃんと考えてくれている」と感じてもらえる。

この違いが、その後の関係や交渉にも大きな影響を与えます。

◇『TAKE』を前提にしていないから、ガッカリがない

『TAKE』しようと思って『GIVE』すると、思惑通りに返ってこなかった時、ガッカリしたり、逆恨みしたり。「損した」「ケチな人だ」「話の通じないヤツだ」「取り逃げされた！」――。でも、『TAKE』を前提にしていなければ、変な期待もないからガッカリしないし、損したとも思わない。そこが一番の違いです。

「渡しっぱなしで、元が取れないのでは？」と、心配している人もいると思います。もしかすると、すがすがしく先に渡しても、渡した相手からは返ってこないかもしれません。

でも、その人が誰かに紹介してくれたり、のちに転職・異動した先からオーダーしてく

れたり。あるいは、その人に『WIN』を渡すために経験したことが、別の機会に活かせたり。――私もそんな経験、たくさんあります。

時間を使って、たくさん提案をして。ほぼOKだった企画が、土壇場《どたんば》でNGになったことがあります。でも、すみやかに対応してくれる人、相手のことをよくわかってくれる人、存分に提案してくれる人――という印象は持っていただけました。

その時は、たまたまご縁がなかったけれど、他のお客様を紹介してくださり、さらにご本人からも1年半後に違うプロジェクトでまたお声がかかって、結果、とても大きな『WIN』を連れて帰ってきてくれました。

渡す時は、思い切り。でも、無理は禁物です。

たくさん渡そうと背伸びをしたり、できない無理をしてしまうと、「ここまでやったんだから……」という気持ちになってしまいます。それは『TAKE』を期待しているのと同じ。「期待しているわけじゃないんだけど……」と言いつつ、期待はどんどんふくらんで、ご縁がなかった時にわだかまりを残すことになってしまいます。

◆ちゃんと『GIVE』したからこそ、わかること

本気の相手目線で渡した『GIVE』は、相手にもちゃんと伝わります。同様に、渡した『GIVE』に対する反応を見れば、相手のこともわかります。

こんな話がありました。某メーカーから新商品を共同開発しようと持ちかけられた、町工場の社長さん。専門外の商品、市場性も未知数。でも、相手がとても熱心に提案するので、参考になりそうなサンプル品をたくさん集めて送りました。新商品に活かせそうな情報やノウハウ。全部、渡したのに、先方からはナシのつぶて。

1週間後、「ものになりそうですか?」と電話をしたら、「いやいや、すごくいいです。参考になりました。とりあえず設計してみますから2週間くらい、待ってください」。でも、その期日を過ぎても連絡はなし——。

これは『GIVE』したけれど、『GIVEN』につながるかどうかわからないケース。でも、相手の反応を見れば、「こういう人とは一緒に仕事をしてもうまくいかないだろう」ということは、わかります。社長さんは、スッキリした表情でおっしゃいました。

「当社の大事なサンプル品は戻ってきませんでしたが、いい判断材料をもらいました」

渡した『ＧＩＶＥ』にどう応えるかで、相手のタイプや仕事の仕方がわかります。パートナーになって嬉《うれ》しい相手かどうか、長く付き合って『ＷＩＮ‐ＷＩＮ』の関係を築ける相手かどうか――。仕事をする上ですごく大事な情報が『ＧＩＶＥＮ』されます。

たとえ、相手の『ＧＩＶＥ』に、ビジネスという形で応えられなかったとしても、やはり最低限の礼儀は必要です。

「時間はかかりそうですが、ぜひ一緒に頑張りましょう」なのか、「商品化は難しそうです」なのか。あるいは「新商品の企画は難しそうですが、このサンプル、○○に活かせそうな気がします。こちらでも資料、集めてみます」なのか――。

お金じゃなくても、相手に『ＷＩＮ』は渡せます。

先に『ＧＩＶＥ』することで得られるのは、相手情報だけではありません。例えば、時間をかけて仕上げた企画書。次に同じような話があった時に活かせます。

もちろん、そのままというわけにはいきませんが、ゼロから始めるよりも高いレベルのものを目指せます。また、その時は縁がなくても、相手の記憶に残ったり、その出会いが思わぬ『WIN』を呼ぶこともあります。

きちんと渡した『WIN』は、様々な形で返ってきます。「コレを渡して、アレをもらいたい」。自分がイメージした『TAKE』にこだわると、受け取っているはずの『WIN』を見逃してしまう可能性も。そうなっては、もったいないと思います。

◇『GIVE』された時、あなたならどうしますか？

渡した『GIVE』に対する反応を見れば、相手のことがわかる――ということは、あなたが『GIVE』された時の反応や受け止め方で、相手にも、あなたの人となりが見えるということ。

自分から『GIVE』して『GIVEN』されなくてもガッカリする必要はありませんが、相手から先に『GIVE』された時は、相手をガッカリさせてはいけません。『GIVE』されたら、きちんと〝受け止め〟ましょう。

渡してもらったものを、過小に評価しても、過大に評価してもいけません。もらったものの等身大プラスαくらいで、ちゃんと受け止めましょう。

恐縮しすぎると、相手は「もしかして、渡されて迷惑だった?」と思うかもしれません。コンビニで買えるようなお菓子なのに「こんな大層なものを――」と言えば、嫌味にも聞こえます。逆に、相手が一生懸命考えてきてくれた企画を、「あ、どうも。その辺に置いといてくれる?」ではガッカリさせてしまいます。


きちんと受け止めた上で、興味・関心を示すことも大事です。

「これ、どこで買ったんですか?」とか「どうやって見つけるんですか?」。本気の興味・関心は、相手にとって、とても嬉しい『GIVEN』です。

例えば、贈り物をした時。「ありがとう。ステキね」と言ってもらえても、それ以上のコメントがないと、ちょっとガッカリしませんか? 逆に、プレゼントに本当に興味を持って、あれこれ質問してくれたら嬉しいですよね。大仰《おおぎょう》に喜ぶよりも、ちゃんと関心を示してくれたほうが、相手も嬉しいはずです。

『GIVE』された時は、相手に「この人に渡してよかった」と思われるように、きちんと応えること。あなたの提案や依頼に『YES』をもらった時も、「この人に『YES』を渡してよかった」と思ってもらえるエンディングにしましょう。

『GIVE』され上手な人は、相手をガッカリさせません。でも、多くの人は自分がガッカリしないための方法ばかり探して、自分からちゃんと『GIVE』してない。だから、相手からもなかなか『GIVE』されなくて、結局ガッカリしている気がします。

情けは人の為ならず——。本当に、そうだと思います。

『WIN-WIN』自然増殖の法則

本気の相手目線で渡した『WIN』は、大きな『WIN』を連れて帰ってきます。本気の『WIN-WIN』は、今回のみならず、次の『WIN』の種を蒔《ま》けたり、当事者2人にとどまらず、後輩やお客様など周囲にも『WIN』が広がったり。プラスの相乗効果を生んでくれるのが特長です。

◇実例で見る『WIN‐WIN』――「社外の研修に参加させてください」

アサーティブ研修でも、ロールプレイングで『WIN‐WIN』の提案トークを実際にやってもらいます。

例えば、上司に社外のセミナーに参加させてほしいと頼む場面。セミナーの費用は会社で持ってほしい。参加すれば、仕事を1日休むことになる。上司は「研修なんて」と思っているみたいだし、自分は大事なお客様を抱えている――。これは研修でも実際に出た話ですが、条件としてはかなり難しそうです。

でも、セミナーに参加できれば、自分の仕事や職場に新しいノウハウを持ち帰ることができます。それによって業績が上がれば、上司も嬉しいはず。すぐに使えるノウハウがたくさんあれば周囲の刺激にもなるし、それを使って結果が出れば職場全体のモチベーションも上がります。

もちろん、1日休むために、後輩にはきちんと引き継ぎをしていくことを約束します。そうすれば、トラブルを心配する上司の『NO』の理由も払拭《ふっしょく》できるし、後輩にとっても、大事な仕事を任されれば刺激になる。そこできちんとお客様対応ができれば自信もつくだろうし、先輩が1日休むことが後輩の成長のチャンスにもなります。

研修で得たノウハウは、クライアントにも紹介できます。今回の研修でしっかり成果を出せば、後輩が「自分も行きたい」と思った時、上司に頼みやすい雰囲気をつくれます。

——どうですか？　周囲にも、将来にも『WIN』が広がるこんなシナリオなら、自信を持って伝えられそうな気がしませんか？

「そこまで言うなら、頑張ってこい」と言ってもらえたら、相手が『YES』を渡してよかった、と思えるエンディングで締めくくりましょう。

「ありがとうございます。後輩への引き継ぎ、ちゃんとやっていきます。戻ったらすぐに勉強会を開きます。難しいかも、と思っていたので、本当に嬉しいです！」

正しい気遣いのススメ

『YES』を渡してくれた人に、感謝を伝える。『GIVE』してくれた人をガッカリさせないよう、きちんと受け止め、興味・関心を示す——。どちらも、大事な気遣《きづか》いです。

◇「すみません」と言わせてはいけない

気を遣うことは大事ですが、気を遣って、遣って、かえって相手に気を遣わせているケース、結構あります。

例えば会議の時。全員が発言できるよう、話を振ったり、流れを作ったり。その目配りは大事ですが、「○○さん、どう？」「あ、じゃ、今度は○○さんの意見を聞いてみようよ」。一人であたふた、キョロキョロ。周囲は「なにも、そこまで」とゲンナリします。発言をうながされた人も、あまり世話を焼かれると、かえって居心地が悪くなります。

贈り物をする時も、さらっと渡すのが正しい気遣い。

「喜んでいただきたいと思って、あちこち探し回ったんですけど、なかなかなくて……こんなもので、お気に召していただけたでしょうか？」では、「そんなに気を遣わせて、すみません」。相手の重荷になってしまいます。

あるいは、メールでアンケートをお願いする時。回答するかどうかは本人の自由。でも、できるだけたくさんの声を集めたい。締め切りはもうすぐ――。そんな時は、期限前にさらっとリマインド（確認）のメールを送りましょう。

「先日のアンケート、届いていますか?　ぜひ参考にしたいのでお送りください」

締め切りを過ぎてからの催促は、相手に「遅れてすみません」と言わせることになります。出そう、出そうと思って忘れていただけ。3日前にリマインドしてあげれば、相手も締め切りを守れて、気持ちよくアンケートに協力できたはず。ちょっとしたことですが、相手に「すみません」と言わせない気遣いをすることが大切です。

メール文も、「締め切りが迫っているので……」と書けば、「ぎりぎりになって、すみません」と言わせることになります。相手の重荷になるような書き方をしてはいけません。

こうしたちょっとした気遣いも、実は『WIN』を増やすカギ。

気持ちよく回答を渡せた人も、たくさん回答してもらえた担当者もハッピー。集計担当者もスケジュール通りに仕事を進められるし、回答数が多いほど有意義なアンケートになる。回答者の声も活かされるし、上司も満足——。

こういうことは、日々、ほんのちょっとしたことで実践できます。

相手に伝わる〝美しい日本語〟のススメ

正しい気遣い、すがすがしい『GIVE＆GIVEN』の提案。実践するには〝日本語力〟を磨くことも大切です。正しい日本語で、スマートに。

伝えたいメッセージを、簡潔かつ明快に伝えられる言葉を探しましょう。何でも「すみません」「どうも」で、簡単にすませてはいけません。

◇言葉の無駄を省いて、文章を完成させる

文章を完成させていない人、結構います。電話での慣用句「失礼ですが……？」も、その一例。本当なら「失礼ですが、どちら様ですか？」「お名前をお教えいただけますか？」。

日本語は、文章の最後に文章の決定権があります。「できます」なのか「できません」なのか。最大限の努力を「した」のか「するつもり」なのか。主語も大切ですが、同じように語尾も曖昧《あいまい》にしてはいけません。

多くの人は、会話の〝間《ま》〟を潰《つぶ》すような余計な言葉はたくさん入れているのに、文章が完成していません。

「あのですね、実はですね、今日はですね……」「……と、まぁ、こんな感じで。ひとつ、よろしく」とか。「ですね」「やはり」「実は」を連発していることに、本人が気づいていないケースも少なくありません。


「○○のために、○○していただけませんか？」

理由・目的、とってほしい行動をきちんと示して、語尾を濁《にご》さないこと。

「○○していただけると、○○ができます」

行動を起こすことで得られる成果・メリットを示して「。」で終わる文章にすること。

「○○のおかげで、○○になりました」

具体的な行動と成果を示して、何に感謝しているのかはっきりさせること。


例えば、チームの頑張りを褒める上司の朝礼スピーチ。

「いやー、皆さんの頑張りに支えられて、先月のイベントも無事終えられました」

これでは、どの頑張りを評価しているのかわかりません。

「先月のイベント、みんなが一本一本電話をかけてくれたおかげで、８９０人もの方にお集まりいただけました」

これなら、プロセスも、成果も、ちゃんと見てくれていることがわかります。チームの頑張りを称《たた》える気持ちは同じでも、聞き手の印象はずいぶん違います。

余計な言葉が多く、それでいて文章をきちんと完成させられないのは、喋《しゃべ》りながら考えているから。一度、自分が話しているところを録音して、聞いてみてください。できれば文字に起こして、無駄な言葉を削ってみましょう。

――どれくらい削れますか？

――残った文章は、ちゃんとした文章になっていますか？　語尾は明確ですか？

――途中で主語がすり替わったり、今年の話が去年の話になったりしていませんか？

――そもそも、想像以上に一文が長くないですか？

「○○なんだけど、実はそうじゃなくて、こうだったんだけれども、でも、実は……」

たくさん喋っているのに、結局何が言いたいのかよくわからない文章や、いつまでたっても「。」にならない文章。聞いているほうは、かなり辛いです。

日本語には美しい表現がたくさんあります。同じことでも、角《かど》を立てずに伝える言葉や言い回しがたくさんあります。でも、曖昧で、遠回しで、わかりにくいのが日本語の美徳ではないはず。特にビジネスの場面では、きちんと言い切る勇気を持つことも大切です。

短い文章で、的確に自分の気持ちや考えを伝えるにはトレーニングが必要です。自分の考えを、きちんと言葉にするトレーニング。自分の気持ちにぴったりの言葉を探して使うトレーニング。普段から使っていないと、咄嗟《とっさ》には出てきません。

多くの人は、自分の気持ちを言葉にしていません。たいていは、そう感じた理由も言葉にしていない。ちょっとしたことですが、例えばコピーを頼まれた時、原稿を受け取ってスッといなくなってしまう——とか。

本人は、大急ぎで依頼に応えているつもり。でも、頼んだ人はビックリしてしまいます。一言「大至急、取ってきます」と言えば、大至急やってくれようとしている誠意の『ＧＩＶＥ』だとわかるのに、「なんだか失礼な人」と思われてしまう、残念な例です。

こうした事例は、他にもたくさんあります。例えば、電話で問い合わせを受けた時。「あー、〇〇ですね」と言ったきり、黙って調べ始める人。これも「なんだか失礼な対応」と思われてしまいます。電話口にいる相手は不安になるし、沈黙は長く感じるもの。「すぐお調べします。今、パソコンで確認していますので、少々お待ちください」と一言、実況中継してもらえれば、待たされている印象は受けないはずです。

アサーティブの基本は、相手も自分も、同じように大事にする「相互尊重」の姿勢。大至急コピーを取ってあげるという相手尊重も大事ですが、自分の気持ちや行動の理由をきちんと伝えて、相手に〝わかってもらう〟自己尊重も、同じように大事です。

自己尊重は〝わがまま〟とは違います。仕事相手とアサーティブにコミュニケーションし、気持ちよく仕事を前に進めるためにも、まずは正しく自己尊重すること。あなた自身が自分を正しく尊重していなければ、誰もあなたのことを正しく尊重してくれません。

相互尊重を実践する3つのステップ

相互尊重。「頭ではわかっても、実践するのは難しい」という人もいると思います。まずは1人、大事な仕事相手を頭に浮かべながら、3つのステップを実践してみてください。

◇2人の「SWOT」を重ねると答えが見える！

STEP1　まずは自分尊重

SWOT分析（90ページ参照）で、自分の強みや長所を挙げてください。たくさん挙げて、特に大事にしたい強み・長所を7つ選びましょう。

そして、7つのポイントのそれぞれについて、ブラッシュアップする方法を考えてみてください。小さなことでもOK。今日からスグに実践できることと、長期的な視点で挑戦したいブラッシュアップ法の両方を考えてみましょう。

語学力なら毎朝30分、リスニングの時間をつくるとか、スクールに通うとか、長期的には留学したいとか。日々実践できることで、少しずつでもブラッシュアップしていれば、自分の強み・長所を〝現在形〟で自信を持って語ることができます。

STEP２　次に相手尊重

その人と会話する時、相手の言葉を使って話をする練習から始めましょう。それだけでも、相手は「尊重された」という手応えを持ってくれるはずです。

相手の言葉を使って話をしていると、相手が大事にしているキーワードも見えてきます。それを元に、その人の「ＳＷＯＴ」を分析してみましょう。強みも弱みも、チャンスや阻害要因も、相手が使った言葉で書き出してみてください。

１日で仕上げる必要はありません。逆に、１回や２回の会話では、分析できないはずです。４つの項目を相手の言葉で埋められるよう、相手の話をしっかり聞きましょう。

STEP３　最後に相互尊重

自分と相手、２人のＳＷＯＴを重ねてみましょう。相手にあって、自分にないもの。自分にあって、相手にないもの。それぞれ３つずつ書き出してみてください。そこをきちんと認めることが、相互尊重のベースになります。

経験やキャリアは相手のほうが上でも、今は自分のほうが現場の声をたくさん持っているとか。相手のほうが商品知識はあるけれど、お客様とのパイプは自分のほうがたくさん持っているとか。営業のキャリアは相手のほうが長くても、自分には工場立ち上げの経験があるとか。

相手の弱みをカバーできるような自分の強みだけでなく、相手の阻害要因をどけてあげることはできないか、どけるお手伝いができないか、考えてみてください。

「相手になくて、自分にあるもの」は、日々の仕事できちんと渡す努力をしましょう。逆に「自分になくて、相手にあるもの」はきちんと評価し、評価していることを機会あるごとに相手にも伝えましょう。

成果や数字に結びつく『WIN』をすぐに渡せなくてもOK。そのベースとなる相互尊重のいい関係づくりを目指しましょう。

◇自分の気持ちを表現するトレーニング

３つのステップを踏んで相互尊重のポイントがつかめたら、それをベースに相手との会話を増やしていきましょう。自分の思いをストレートに、かつ相手を殴り倒すような言い方ではなく伝えられるよう〝意識して〟会話しましょう。

意識してやっていれば、伝えるタイミング、言葉の選び方、話の順番など、様々な気づきが得られるはずです。自分の気持ちを的確に伝えてくれるボキャブラリーを増やせれば、短い文章で〝わかりやすく〟伝えられるようになるし、そうすれば「言えない」「言いにくい」の悩みも少しずつ解消できます。

例えば、同僚が何かしてくれた時。ただ単に儀礼的な「ありがとう」でなく、「困っていたところだったので、すごく嬉しい」とか「助かりました！」とか。逆に、連絡が遅くて困った時は「遅くてガッカリ」とか。

相手の成果・成長を認める時も、単に「すごいですね」ではなく、「私も真似したい」「いつか○○さんみたいな仕事がしたいと思っているので、私も頑張ります！」。気持ちを込めて、気持ちのこもった言葉でフィードバックしましょう。

気持ちのこもったフィードバックの練習――。

これも3つのステップを踏んで、実践してみましょう。

STEP1 まずは、自分に向かって言う

自分の気持ちにぴったりな表現を選ぶ以前に、そもそも自分の気持ちに気づいていない人も、結構いる気がします。口に出さなくてもいいので、まずは自分に向かって、こまめに自分の気持ちを言葉にしてみましょう。

「あ、私、今すごくビックリした」とか、「喜んでもらえて、ちょっと嬉しい気分」とか。自分の素直な気持ちを、まずは自分自身が認めてあげる――。これが第1ステップです。

STEP2 ごく簡単な言葉で表現してみる

自分の気持ちにちゃんと気づけるようになったら、それが相手にも伝わるよう、言葉にしてみましょう。ごく簡単な言葉で、まずは一言で。自分の気持ちやイメージに一番近い言葉を選ぶ練習です。

――何かをやってくれて「すごく嬉しかったです」「助かりました」

――困ったことに対して「ガッカリです」「ビックリしました」

――初対面の人に「私も、こうなりたい」「真似したい」「意外でした」

ここに挙げた語彙《ごい》を、自分の気持ちに照らして増やしたり、入れ替えたり、アレンジしてみましょう。語彙が増えれば、例えば「ビックリしました」も、その度合によって言葉を使い分けることができます。

STEP３　感想の文章から、依頼の文章へ

嬉しいことを「嬉しい」と、口に出して伝えるのが第２のステップ。でも、嬉しいことは、もっと体験したいはず。逆に、ガッカリな体験は誰だって減らしたいもの。

次は、嬉しいことを〝してもらう〟ための依頼、ガッカリなことを〝やめてもらう〟ための依頼の言葉を考えて、相手に伝えてみましょう。感想の文章を、依頼の文章に転化して、動きのあるメッセージにするのが第３のステップです。

これができれば、したいことを「したい」と言える。やめてほしいことは、「やめてほしい」と言える――第１章でご紹介した、アサーティブの大基本です！

◇自分の気持ちをきちんと認めることが〝伝える〟の原点

1～3のステップを順に踏んでいけば、言えるようになります。もしかすると、最初のステップですごく時間がかかる人も、いるかもしれません。

例えば、自分の感情を出したことがない人。あるいは「仕事だから、感情を出しちゃいけない」と、無意識のうちに抑え込んでいる人――。

アサーティブ・コミュニケーションを学びたいという人の中には、

「クールに理路整然と話すことがアサーティブ」

「アサーティブは巧《たく》みな話術で『YES』を引き出す方法論」

と思っている人もいます。

なかには「仕事に感情を持ち込むなんて!」と、思っている人もいるかもしれません。

でも、感情はコミュニケーションのベース。したいことがなければ「したい」とは言えないし、嫌なことがなければ「やめてほしい」と言う必要はありません。

もちろん、私も自分の気持ちを声に出して伝えています。論理派だと言われることもあ

ります が、私自身は決して論理派とは思っていません。研修では、少しでもわかりやすくお伝えしたいと思い、整理してお話しするので〝論理的〟に聞こえるのかもしれませんが、単に理路整然と、ロジカルに話すことがアサーティブではありません。

感情はあっていいし、誰にでもあるはず。なのに、それを遠回しに伝えていたり、隠したり。抑えていたり、そもそも気づいていなかったり。ビジネスの場面で感情を出すことに、マイナスのイメージを持っている人もいると思います。

もちろん、感情だけを、辺《あた》り構わず振りまくのはマナー違反。例えば、「2週間の休暇を取りたい」という気持ちも、その理由や相手メリットを事実ベース、行動ベースで伝えられなければ「10年早い」と一蹴《いっしゅう》されて終わり。

でも、本当に「取りたい！」という気持ちがなければ、どんなに理由や相手メリットを並べても、意欲は伝わらないし、『YES』ももらえません。

第1章の最後で、「ちゃんと感じていますか？」と伺ったのは、そのためです。

「したい」も「したくない」も、「してほしい」も「やめてほしい」も伝えてOK。

「羨《うらや》ましい」という感情や「悔しい」という感情も、あって当然。「羨ましい」も「悔しい」も、正しく活かせば頑張りの素《もと》になります。

それを、「人のことを羨んではイケナイ」「人を羨むなんて、私って、なんて小さい人間なんだろう」と、無理に抑えつけてしまうから、羨ましいの感情が凝縮されて、すごくトゲのある言葉となって噴出してしまう。

羨ましいと思ったら、そう思った自分を素直に認め、「だから頑張ろう！」のエネルギーに変えればいいんです。

自分に正直であることは、とても大切なことです。

ビジネスの場面で、「言えない」「言いにくい」「ちゃんと伝わらない」――そう思ったら、もう一度、自分に聞いてみてください。

――あなたが本当に言いたいことは、何ですか？

――それを伝える意欲はありますか？

この2点に、きちんと答えられたら、きっと伝わります。

伝えるためのスキルは、この本の中にあります。困った時はページをめくって、相手や場面、状況に合わせて、あなたに必要なスキルを探してください。そして、大事な仕事相手にたくさん『ＷＩＮ』を渡し、たくさんの『ＷＩＮ』をもらってください。

あとがき

「アサーティブ？　わかるけど、それって欧米スタイルでしょ？」


そうおっしゃる方は、結構います。

「日本じゃ無理だよ。上司は絶対だし、お客様の言うことは何でも聞かなきゃいけないし。そんなにキリリと言い切れる場面ばかりじゃないよ」と。

でも、周囲を見回して、実際に評価されている人を観察してみてください。

上司の言うことすべてに「おっしゃる通りでございます」という人が、上司から本当に評価されていますか？

お客様のリクエストを鵜呑《うの》みにしている人が、お客様からたくさんオーダーをいただいていますか？

多分、違うと思います。

「日本では無理」という人の多くは、何にでも『YES』と言いつつ、いざ反対意見を言う場面になると、相手を徹底的に〝叩きのめすモード〟になってしまっています。反対意見も『NO』も、仕返しの道具だと思っているようです。

残念なことに、まだまだ多くの人が誤解しています。アサーティブ・コミュニケーションは、反論の技術だとか、巧《うま》く『NO』と言うための方法論だとか。テクニックばかりがクローズアップされてしまいがちです。

相手を論破するとか、撃破するとか――。そういうイメージを持っているから、「やっぱり日本では無理」となってしまう。

アサーティブは『YES』も『NO』も、自分のゴールを相手メリットに絡《から》めて考えます。相手の迷惑やデメリットを小さくするために、『NO』と言う。プロジェクトや会議の進行が遅れたり、脱線するのを防ぐために、反対意見を言う。決して会議をかき回したり、相手を殴り倒したり、相手に仕返しするための道具ではありません。

アサーティブの基本は、『WIN・WIN』。反対意見や『NO』も、相手に価値ある『WIN』を渡すため。そのために、両者にとっての『WIN』を考える。

アサーティブ本来の大前提に立てば、日本も欧米もありません。どちらかだけが勝つための、あるいは相手を負かすための道具ではありません。

それでも「日本では無理」と思うなら、アサーティブのスキルを学ぶことはやめたほうがいいかもしれません。

『WIN・WIN』の基本に則《のっと》らない反対意見や『NO』は、相手を怒らせるだけ。相手が外国人であれば、もっと怒ると思います。相手の面子《めんつ》を潰《つぶ》したり、恥をかかせたり。そうやって相手を叩き潰《つぶ》すことで、自分が優位に立とうとすれば、国籍や文化背景に関係なく、誰だって怒ります。

「欧米から輸入されたコミュニケーション・スタイル＝攻撃的なコミュニケーション」というイメージがあるのかもしれません。でも、アサーティブは、実は日本人が美徳としてきたものとの親和性が非常に高いコミュニケーション・スタイル。

相手の誠意を無にしてはいけないとか、相手を恐縮させてはいけないとか。相手が渡してくれたものを、きちんと受け止めようとか。江戸しぐさのような、粋《いき》な気遣《きづか》い。江戸時代の人たちが、狭い町の中で、お互い気持ちよく暮らすために編み出した知恵にも通じるところがあります。

でも、最近は、そんな美徳がないがしろにされている気がします。シルバーシートもその一つ。ガラガラの電車で、たまたま空いていた目の前のシルバーシートに座ろうとしたら、「大串さん、そこシルバーシートですよ」と言われたことがあります。

不思議な気がしました。そこだけがシルバーシートなのではなく、全車両、シルバーシート。ご高齢の方がいらしたら、どこに座っていても席は譲るべきです。でも、全車両ガラガラなら、そこだけ妙に空けておく必要もない。シルバーシートでなければ席を譲らなくてOKと思っていること自体が恥ずかしいし、おかしいと思います。

相手や周囲に対する思いやりは、古《いにしえ》から日本人が大事にしてきたもの。もちろん、わざとらしい「あなたのため」はいけません。小手先《こてさき》の「相手のため」は、かなりわざとらしい「自分のため」。堂々と「私のためです」と言っているほうが、すっきりします。

「あなたのために、こんなに頑張りました」と言えば、相手は断りにくくなってしまいます。おせっかいな親切で、相手から断る権利さえも奪ってしまってはいけません。

「すべては、あなたのために」と、相手を尊重している姿だけを見せると、相手には重荷になってしまいます。逆に、自分のことばかり尊重して、相手をないがしろにすれば「わがままな人」と、思われてしまう。

大切なのは、本気の相互尊重。相互尊重の姿勢に、日本も欧米もありません。

本当に、自分も相手も同じように大事にする気持ちがあれば、スキルは自然と磨かれます。言い換えれば、いくらスキルを磨いても、相互尊重の気持ちがなければ伝わらないし、相手から気持ちよく『ＹＥＳ』をもらうこともできません。

アサーティブは、特殊なコミュニケーション技術ではありません。当たり前のことを、当たり前にやるための、たくさんのヒントを整理したもの。
実際に、やってみてください。実践していただければ、そのすがすがしさ、効果・効用の大きさを実感していただけると思います。

2007年7月吉日

大串　亜由美

PHP
Business Shinsho

大串 亜由美(おおくし あゆみ)
株式会社グローバリンク代表取締役。大学卒業後、日本ヒューレット・パッカード株式会社に入社。14年の人事部勤務において、採用/教育担当、女性活性化プロジェクトリーダー、海外派遣担当マネジャー、人事コミュニケーション・マネジャー、従業員意識調査プロジェクトリーダーを歴任。1988〜1990年、米国カリフォルニア州ヒューレット・パッカード本社にて人事部門の仕事に携わるかたわら、国際コミュニケーションについて学ぶ。その後、1998年にグローバリンクを設立。「国際的規模での人材活用・人事育成」をキーワードに、異文化コミュニケーションから、マネジメント、接客販売まで、ビジネスコミュニケーション全般の企業・団体研修、人材育成コンサルティング業務を手がける。研修実績は、6年連続で年間250日を超え、2006年は「年間277日」を記録。
著書に『15秒でツカみ90秒でオトすアサーティブ交渉術』『たったひと言で相手を動かすアサーティブ営業力』(ともにダイヤモンド社)がある。
URL http://www.globalink.jp

PHPビジネス新書 036
言える、伝わる、仕事が進む!
アサーティブ――「自己主張」の技術

2007年8月3日 第1版第1刷発行

著者 大串亜由美
発行者 江口克彦
発行所 PHP研究所
東京本部 〒102-8331 千代田区三番町3番地10
ビジネス出版部 ☎03-3239-6257(編集)
普及一部 ☎03-3239-6233(販売)
京都本部 〒601-8411 京都市南区西九条北ノ内町11
PHP INTERFACE http://www.php.co.jp/
装幀 齋藤稔
制作協力・組版 PHPエディターズ・グループ
印刷所
製本所 共同印刷株式会社

ISBN978-4-569-69269-2

「PHPビジネス新書」発刊にあたって

わからないことがあったら「インターネット」で何でも一発で調べられる時代。本という形でビジネスの知識を提供することに何の意味があるのか……その一つの答えとして「**血の通った実務書**」というコンセプトを提案させていただくのが本シリーズです。

経営知識やスキルといった、誰が語っても同じに思えるものでも、ビジネス界の第一線で活躍する人の語る言葉には、独特の迫力があります。そんな、「**現場を知る人が本音で語る**」知識を、ビジネスのあらゆる分野においてご提供していきたいと思っております。

本シリーズのシンボルマークは、理屈よりも実用性を重んじた古代ローマ人のイメージです。彼らが残した知識のように、本書の内容が永きにわたって皆様のビジネスのお役に立ち続けることを願っております。

二〇〇六年四月

PHP研究所